Peter Müller:
Die schnellen Denker

Peter Müller

Die schnellen Denker

Was hinter den Computern steckt

Arena

CIP-Kurztitelaufnahme der Deutschen Bibliothek

Müller, Peter:
Die schnellen Denker :
was hinter d. Computern steckt / Peter Müller.
– 1. Aufl. – Würzburg : Arena, 1982.
ISBN 3-401-03939-3

1. Auflage 1982

Schutzumschlaggestaltung: Dieter Leithold
Illustrationen: Klemens Müller
Bildnachweis: Deutsches Museum: S. 13, 16, 17; Nixdorf: S. 135, 167; Siemens: S. 19, 37, 43, 46, 66, 101, 107, 109, 111, 113, 115, 117, 118, 121, 124, 125, 127, 129, 130, 134, 141, 143, 145, 157, 162, 169, 187
Lektorat: Rainer Brand
Gesamtherstellung: Tagblatt-Druckerei KG, Haßfurt
ISBN 3-401-03939-3

Inhalt

Der neugierige Herr Ypsilon sucht in Blechschränken nach dem Elektronengehirn

Herr Ypsilon war ein Mann, der sich brennend für alle technischen Neuheiten interessierte. Deshalb ist es gar nicht verwunderlich, daß er alles daransetzte, um einmal einen großen Elektronenrechner zu sehen. Da er gute Beziehungen hatte, durfte er tatsächlich eines Tages ein Rechenzentrum besichtigen.

Er war schon aufgeregt, bevor er noch alle Stufen zu dem Gebäude hinaufgestiegen war, in dem der Elektronenrechner arbeitete.

»Ich – ich bin hierher eingeladen worden«, sagte er zum Portier, »ich bekomme heute das große Elektronengehirn zu sehen!«

»Der Herr möchte das große Elektronengehirn sehen!« rief der Portier einem Mann in weißem Mantel zu, der aus einer Tür trat, auf der zu lesen war: »Zutritt nur für Rechenzentrumspersonal«.

»Das Elektronengehirn?« lachte der Weißmantel.

»Ypsilon ist mein Name.«

»Sie sind Herr Ypsilon? Dann weiß ich schon Bescheid. Ich habe das Vergnügen, Ihnen bei uns heute alles zeigen zu dürfen. Übrigens heiße ich Klar.«

Herr Ypsilon folgte Herrn Klar durch die Tür, die in einen langen Gang führte, dessen Wände auf beiden Seiten aus Glas waren.

»Wo wollen wir anfangen, Herr Ypsilon, was interessiert Sie am meisten?« Klar schwenkte die Hand von links nach rechts. »Das alles ist unsere Anlage.«

Herr Ypsilon sah durch das Glas nur Reihen von Blechschränken, viele hohe, dazwischen niedrigere. Aus einem kletterte eine breite Papierbahn heraus. »Vielleicht dort?« sagte er, denn er glaubte, wo sich etwas bewege, müsse auch das wichtigste Stück des Gehirns sein.

»Bitte schön«, meinte Herr Klar und öffnete eine Tür in der Glaswand, »gehen wir zum Drucker.«
Herr Ypsilon war enttäuscht: Er dachte, jetzt könne er gewissermaßen das Elektronengehirn beim Denken beobachten – nun stand er vor einer Druckmaschine.
»Hier werden die Ergebnisse unserer Datenverarbeitung zu Papier gebracht«, sagte Herr Klar mit erhobener Stimme, denn der Drucker rasselte sehr laut.
»Ich hätte mich natürlich vor allem für das Elektronengehirn interessiert, kann man das hier auch arbeiten sehen?«
»Wenn Sie mit ein paar flackernden Lampen zufrieden sind . . . kommen Sie«, und Herr Klar ging voran zu zu einem mannshohen Schrank, der mit drei anderen in einer Reihe stand. In seinem oberen Teil sah Herr Ypsilon mehrere Reihen kleiner Lämpchen, von denen einige ständig an- und ausgingen. Sonst war nichts zu sehen.
»Und – innen? Könnte man nicht mal eine Tür auf . . .«
»Selbstverständlich«, antwortete Herr Klar freundlich und steckte einen Schlüssel in das Türschloß.
»Jetzt!« dachte Herr Ypsilon und war mächtig gespannt, um gleich darauf wieder ein sehr enttäuschtes Gesicht zu machen – denn im Innern des Schrankes war es mäuschenstill. Nichts bewegte sich, nicht einmal Lämpchen leuchteten.
»Ziemlich langweilig, nicht wahr?« meinte Herr Klar. »Und in den übrigen Schränken sieht es auch nicht anders aus. Alles Elektronik, in die ich mich selbst kaum hineinfinde.«
»Aber was passiert denn nun hier drin?« fragte Herr Ypsilon . . .

Ja, der arme Herr Ypsilon war enttäuscht. Und Herr Klar konnte ihm beim besten Willen nicht helfen. Wie ein Computer arbeitet, kann man eben nicht sehen, auch wenn man noch so genau in seine Blechschränke hineinguckt. Man sieht, daß sie vollgepackt sind mit elektrischem Zeug – aber es bewegt sich rein gar nichts darin, auch wenn der Computer gerade rechnet wie ein Wilder. Wir aber lassen uns dadurch nicht abschrecken!

Wir wollen herausbekommen, was sich unsichtbar und unhörbar in den Schränken abspielt.
Übrigens: Auch Herr Ypsilon hatte sich das ganz fest vorgenommen, nachdem seine erste Enttäuschung verflogen war.

Was ist denn das eigentlich: ein Computer

Ich habe schon vielen Leuten erklärt, wie ein Computer funktioniert – und jedesmal war der Anfang am schwersten. Denn wo man auch mit dem Erklären beginnt, immer hat man das Gefühl, am verkehrten Ende angepackt zu haben. Das liegt daran, daß ein Computer ein höchst verzwicktes Ding ist, von dem man erst etwas versteht, wenn man eine ganze Reihe von Sachen gleichzeitig weiß. Und so möchte ich am liebsten alles gleichzeitig erklären.
Vielleicht können wir es uns dadurch etwas einfacher machen, daß wir uns zunächst ein bißchen über die Vorgeschichte unterhalten, die ja Computer ebenso haben wie alle anderen Dinge, die sich Menschen ausdachten. Wo kommen die Computer her?
»Ganz einfach«, sagen die Mathematiker, »der Computer ist die folgerichtige Anwendung der mathematischen Logik!« Und dabei machen sie ein Gesicht wie eine Gleichung mit sechs Unbekannten. – Zugegeben, mit Logik haben Computer sehr viel zu tun.
Aber schon kommen andere und sagen: »Warum? – Computer sind in erster Linie Rechenmaschinen, einfach große elektrische Rechenmaschinen! Und Rechenmaschinen gibt es doch schon seit etwa dreihundert Jahren!« – Ja, auch daran ist etwas Wahres. Aber genau betrachtet, haben Computer mit den alten eisernen Rechenkästen, die so gemütlich rasseln und klappern, gar nichts mehr zu tun.
Jetzt melden sich noch die Elektrotechniker und erklären: »Computer sind hochgezüchtete Elektrogeräte. Die Computertechnik ist nichts weiter als ein Zweig der Elektrotechnik!« – Das stimmt natürlich ebenfalls. Bei

den heutigen Computern geht fast alles elektrisch zu. Aber es muß nicht unbedingt die Elektrotechnik sein, meine Herren Elektrotechniker! Sie wissen vielleicht nicht, daß man auch Computer bauen kann, die mit Wasser rechnen oder mit Luft!

Maschinen, die stets die gleiche Rechnung machen

Gehen wir in die Vergangenheit zurück und suchen, wo sich Vorfahren des Computers feststellen lassen. Durch Jahrtausende haben die Menschen alles mögliche erdacht und erfunden, um sich das Leben leichter zu machen. Es waren jedoch fast ausschließlich Dinge, die die Arbeit von Händen und Füßen unterstützten oder ersetzten. Vor zwei- bis dreihundert Jahren fingen nun einige Leute an, sich über Maschinen Gedanken zu machen, die Kopfarbeit – nämlich das Rechnen – vereinfachen sollten.
Solche Maschinen mußten mit Zahlen umgehen können. Was die Mechaniker zur Verfügung hatten, waren lediglich Hebel und Räder und Schubstangen, aus denen sie bereits komplizierte Apparate bauten: Uhren zum Beispiel.
So eine Uhr zeigt, wenn man es sich genau überlegt, schon eine gewisse Verwandtschaft mit einer Rechenmaschine. Die Kunst des Uhrmachers war es, in seinem Werk ganz bestimmte Zahlenzusammenhänge mit Hilfe von Zahnrädern, Klinken und anderen kleinen Teilen darzustellen. Da war der Stundenzeiger zu bewegen, der an einer Achse befestigt war, die sich in zwölf Stunden genau einmal um sich selbst drehte. Dazu kam der Minutenzeiger, der die Umdrehung je Stunde einmal schaffen mußte. Da war vielleicht noch stündlich ein Hammer auszulösen, der gegen eine Glocke schlug, um ein Uhr einmal und dann jede Stunde einmal mehr bis es Zwölf war.
Nicht zuletzt aber gab es die Unruhe oder das Pendel, von dem die genaue Geschwindigkeit der Uhr abhing. Dieses Pendel ging vielleicht einmal je

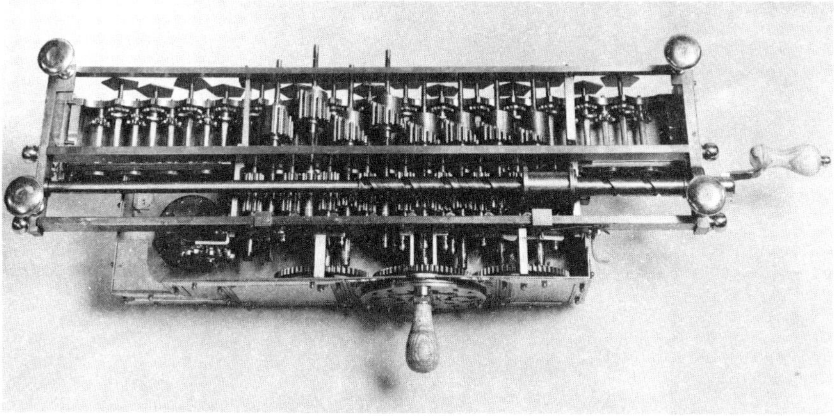

Der Philosoph Gottfried Wilhelm von Leibniz war der erste, der sich an einer Rechenmaschine versuchte, die nicht nur addieren und subtrahieren, sondern auch multiplizieren und dividieren sollte. Obwohl er die damals enorme Summe von 24 000 Talern in das Projekt gesteckt haben soll, mißglückten alle Versuche, die Maschine zum Funktionieren zu bringen. Dieses Foto zeigt einen Nachbau nach den Plänen von Leibniz aus den Jahren nach 1670. Man sieht hier sehr gut, wie er sich ein »Zahnrad mit veränderbarer Anzahl von Zähnen« ausgedacht hat.
In der oberen Reihe der geöffneten Maschine sind acht dieser auch »Staffelwalzen« genannten Zahnräder zu sehen (die ganz ähnlich bis in die jüngste Zeit Verwendung fanden). Sie sind auf einer Achse verschiebbar angeordnet und haben zehn unterschiedlich lange »Zähne«. Soll eine bestimmte Zahl auf ein anderes Zahnrad übertragen werden, dann wird die Staffelwalze so verschoben, daß beim Umdrehen nur die gewünschte Anzahl von Zähnen in das andere Zahnrad eingreift.
Übrigens beschäftigte Leibniz sich auch mit der »binären Arithmetik, die sich einzig der Zahlzeichen 0 und 1 bedient« und bemerkte weit vorausblickend in einer Handschrift vom 15. März 1679: »Diese Art Kalkül könnte auch mit einer Maschine ausgeführt werden.«

Sekunde hin und her und ließ dabei ein Zahnrad immer um einen kleinen Zahn weiterrücken. Von dieser kleinen Ruckbewegung ausgehend, konnte der Uhrenbauer genau berechnen, wieviel Zahnräder mit wieviel Zähnen er zwischen das Pendelzahnrad und die Achsen für Stunden- und Minutenzeiger einsetzen mußte, damit nach dreiundvierzigtausendzweihundert Pendelschlägen der Stundenzeiger einmal, der Minutenzeiger zwölfmal um das Zifferblatt gewandert war.

Da eine Stunde immer sechzig Minuten, eine Minute immer sechzig Sekunden hat, veränderten sich die Zahlenzusammenhänge nie; ein Uhrenbauer brauchte seine Zahnräder nur einmal berechnen und bauen. Für eine Rechenmaschine, die beliebige Rechnungen erlaubte, reichte das noch nicht, dafür mußte man beliebige Zahlen einstellen und die Anzahl der Zähne auf den Zahnrädern verändern können. Für die Umdrehungen der Uhrenzahnräder gelten zwar ganz bestimmte Zahlenverhältnisse, die man als Vervielfachung oder Herabsetzung der Geschwindigkeit bezeichnen könnte, als eine Art starrer Multiplikation oder Division also, aber etwas anderes, als immer wieder die gleiche »Rechnung« ausführen, können sie nicht. Dafür braucht man »richtige« Rechenmaschinen.

Kopfarbeit mit Hebeln und Rädern – bald eine vergessene Kunst

Die erste Rechenmaschine bestand wahrscheinlich aus vielen Rädchen mit je zehn Zähnen, die mit den Ziffern Null bis Neun bezeichnet waren. Jedes Rädchen entsprach einer Dezimalstelle; man konnte zum Beispiel mit dreien von ihnen eine dreistellige Zahl einstellen. Bald war es einem klugen Mann gelungen, solche auf einer Achse aufgereihten zehnzähnigen Räder mit anderen, die auf einer zweiten Achse saßen, so zu verbinden, daß man Zahlen addieren oder subtrahieren konnte.
Auf den Rädern der ersten Achse stellte man eine Zahl ein, auf den Rädern der zweiten Achse eine andere. Drehte man nun Achse zwei vorwärts, dann addierte sich die an ihr eingestellte Zahl zu der, die auf Achse eins zu sehen war. Die Räder von Achse eins zeigten schließlich die Summe beider Zahlen. Drehte man Achse zwei jedoch rückwärts, dann ergab sich auf gleiche Weise eine Subtraktion.
Leider hatten die ersten Rechenmaschinenerfinder oft Pech mit den Handwerkern, die ihnen ihre Maschinen bauen sollten. Die mußten erst lernen, so genau zu arbeiten, wie es für diese auch an ihrem Anfang schon

komplizierten Apparate erforderlich war, und so funktionierte manche genial erdachte Rechenmaschine nicht oder ging bald wieder entzwei. Erst vor hundert Jahren waren die Mechaniker – dann aber auch gleich die Fabrikanten – so weit, daß sie in größerer Anzahl Maschinen bauen konnten, mit denen sich addieren und subtrahieren ließ. Nicht lange, und sie lernten auch zu multiplizieren und zu dividieren.

Alles ging mechanisch mit unendlich vielen Hebeln und Zahnrädern. Wenn man in so eine Maschine hineinsieht, während sie rechnet, flimmert es einem vor Augen, so viel bewegt sich da auf einmal miteinander und gegeneinander, dreht sich, klickt und schnarrt, bis das Ergebnis schön abzulesen in kleinen Fenstern auf dem Deckel erscheint oder von einem Typenwerk auf einen Papierstreifen gedruckt wird. Diese Maschinen rechnen mit erstaunlich großen Zahlen überraschend schnell ihre Ergebnisse aus. Sie sind Meisterwerke der Feinmechanik und so kompliziert, daß man sie kaum noch verbessern kann. Ich kann es mir jedenfalls nicht vorstellen.

Aber es ist auch nicht mehr nötig, sie zu verbessern. Diese große mechanische Kunst hat ein Ende gefunden. Als Konkurrenz trat die Elektrizität auf. Zunächst hatte sie nur mit ihren Elektromotoren geholfen, die Rädchen der Rechenmaschinen immer schneller zu drehen. Aber eines Tages sagten ein paar Elektroingenieure: »Was die Mechaniker mit ihren Rädchen können, können wir mit Schaltern und Drähten auch.«

Damit ist der eine Teil der Vorgeschichte des Computers – das Zahnräderzeitalter sozusagen – zu Ende. Es gibt aber noch einen anderen Teil. Er hat etwas mit dem Umstand zu tun, daß Computer nicht nur große Rechner sind, sondern »Datenverarbeitungsanlagen« – ein langes und umständliches Wort, von dessen Bedeutung wir noch reden werden.

(S. 16/17) Diese Rechenmaschine wurde nach dem Plan von Jacob Leupold 1750 von einem Mechanikus namens Braun gebaut. Auf den sechs inneren Ziffernscheiben kann man sechsstellige Zahlen einstellen. Auf den äußeren Scheiben weisen Zeiger auf das Ergebnis, das neun Stellen umfassen kann. Der Rechengang selbst wird durch Drehen der Kurbel im Zentrum der kreisrunden Maschine vollzogen.

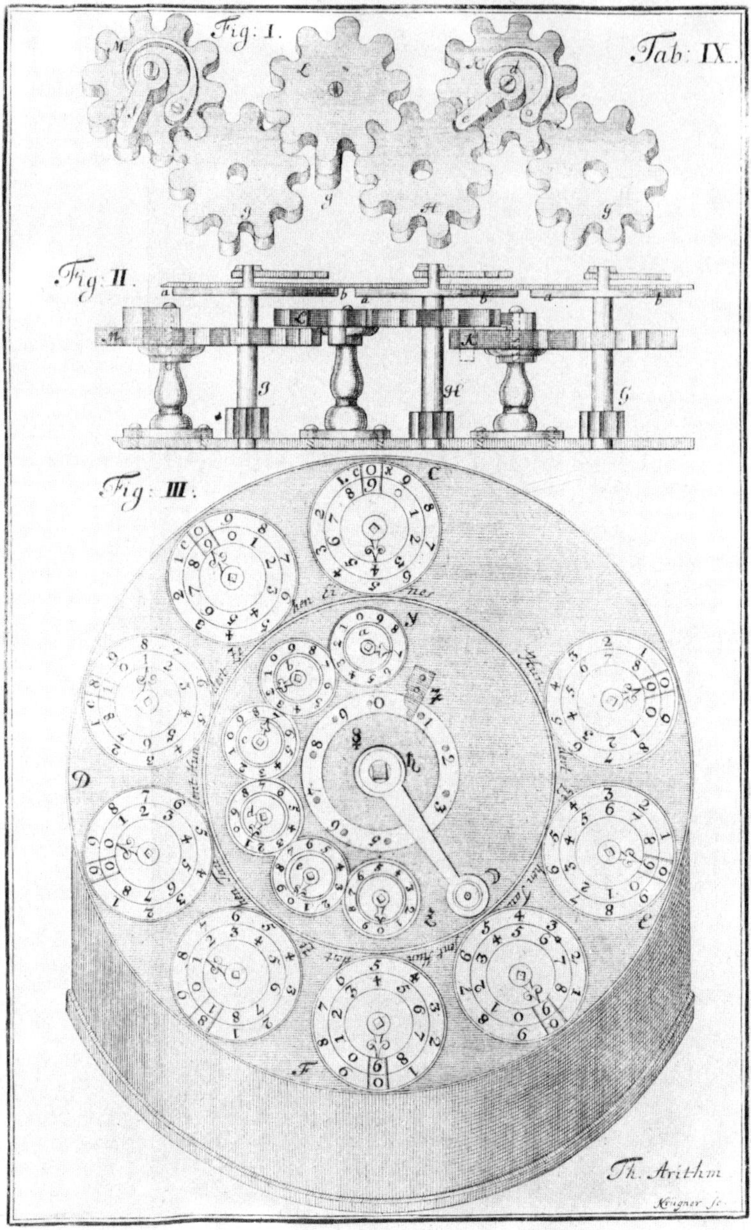
Fig: I.
Tab: IX.
Fig: II.
Fig: III.
Th. Arithm.
Krugner sc.

Die Lochbrettchen des Seidenwebers oder wie man vor zweihundert Jahren Maschinen steuerte

Zu Beginn des vorigen Jahrhunderts erfand ein französischer Seidenweber eine Methode zum Steuern von Webstühlen und wurde damit zu einem der Urahnen der Datenverarbeitung. Wenn man auf einem Webstuhl einen gemusterten Stoff aus verschiedenen Farbfäden weben will, muß man wissen, wann welche Farben einzuweben sind, damit das gewünschte Muster entsteht. Bisher hatte der Arbeiter am Webstuhl dafür gesorgt. Unser Seidenweber überlegte sich nun: Wie kann ich den Webstuhl dazu bringen, daß er mir beliebige Muster gewissermaßen von selbst webt? Heute dieses Muster und morgen jenes?
Zunächst einmal baute er die Einrichtung, mit der die Fäden beim Weben zum Erzielen der Muster verstellt werden, so um, daß alle Bedienungsteile in dünnen Metallstäben endeten, die dicht beieinander lagen, wie die Borsten einer ganz groben Stahlbürste. Damit hatte er alle »Steuerelemente« für die Webmuster beisammen. Schob man nun bei einem Web-

In dem hier abgebildeten sogenannten Jacquard-Webstuhl finden wir erstmals zwei Ideen verwirklicht, die später für die Datenverarbeitung mit Lochkartenmaschinen und Computern große Bedeutung erhalten sollten: die Idee einer von Maschinen lesbaren »Schrift« und die Idee der Steuerung einer Maschine durch ein auswechselbares Programm, das in dieser Schrift aufgezeichnet ist.
Im Jahre 1728 stellte der französische Mechaniker Falcon erstmals so etwas wie »Datenträger mit maschinenlesbarer Schrift« her, mit denen das Weben bestimmter Muster auf Webstühlen gesteuert werden sollte. Es waren etwa 20 mal 50 Zentimeter große Bretter, in die Falcon Löcher von ungefähr einem Zentimeter Durchmesser bohrte, deren Anordnung das Webmuster bestimmte. Aber erst gegen Ende des Jahrhunderts hatte der französische Weber Jacquard die Erfindung so weit verbessert, daß sie Bedeutung erlangte. Aus den Brettchen wurden Pappkarten, die als sogenannte Jacquardkarten noch heute Verwendung finden.
Auf unserem alten Stich sind die Karten, mit »C« bezeichnet, oberhalb des Webstuhls gut zu sehen. Schlechter zu erkennen sind die mit »L« bezeichneten Stangen, die durch die Karten je nach Lochung verschoben werden. Die Verschiebung der Stangen bewirkt das Anheben bestimmter Fäden oder Fädengruppen während des Webvorgangs und läßt auf diese Weise das gewünschte Muster entstehen.

c
c
C
L
a
b
b
L
P
E
o
M

gang einen der Stäbe zurück, dann kam ein entsprechender Farbfaden in das Gewebe. Wollte man ein bestimmtes Muster weben lassen, mußte man nur über entsprechend viele Webgänge hinweg die richtigen Stäbe einschieben. Jetzt konnte der Seidenweber seine eigentliche Idee verwirklichen: Die Stäbe sollten natürlich nicht mit den Händen hineingerückt werden – es waren dafür auch zu viele – sondern von einer Schablone. Diese Schablone war so groß, daß sie sämtliche Stabenden gleichzeitig hineinschieben konnte, aber sie hatte Löcher für die Stäbe, die nicht bewegt werden sollten. Mit einer solchen Schablone konnte man über einen oder mehrere Webgänge bestimmen, welche Farbfäden im Gewebe erscheinen sollten. Waren die Farbfäden zu wechseln, wurde einfach eine andere Schablone auf die Stäbe der »Steuereinrichtung« gedrückt. Die Schablonen selbst waren Holzbrettchen oder kräftige Pappkarten, die aneinandergebunden mechanisch vor die Steuereinrichtung geführt und bei jedem Webgang gegen die Stäbe gedrückt wurden.

Heute würden wir sagen, in den Karten waren die »Steuerdaten« oder auch das »Programm« für den Webstuhl enthalten. Wichtig ist aber auch, daß die Maschine mit den Metallstäben eine Einrichtung erhielt, mit der sie »erkennen« konnte, was ihr die »Lochschrift« in den Pappkarten vorschrieb, denn nur dadurch war es möglich, die Karten beliebig zu wechseln und so den Webstuhl zum Weben immer neuer Muster zu veranlassen.

Die Verwendung einer »Schrift«, in der man einer Maschine etwas »mitteilen« kann und die Möglichkeit, diese »Mitteilungen« zu wechseln und damit von der Maschine unterschiedliche Arbeiten verrichten zu lassen, sind auch die Grundlage der heutigen Computertechnik. Sogar die gelochten Karten, allerdings kleinere als seinerzeit für die Webstuhlsteuerung verwendet, haben für Computer viele Jahre eine große Rolle gespielt.

Herr Ypsilon hört einen Computervortrag und erklärt seiner Frau, was Daten sind

Während wir diesen kleinen Ausflug in die Vergangenheit unternahmen, ist Herr Ypsilon auch nicht untätig geblieben. Er besuchte einen Vortrag über Computer, und der fing an, wie solche Vorträge sehr häufig beginnen, nämlich mit dem »Zerfallen«. Herr Ypsilon saß ganz vorn in der ersten Reihe und hörte den Computerprofessor auf dem Podium sagen: »Meine sehr verehrten Damen und Herren, die Datenverarbeitungsanlage Ixypsilonzet zerfällt in drei Teile, nämlich die Eingabe, die Zentraleinheit und die Ausgabe.«
Herr Ypsilon mußte an den Fleischwolf seiner Frau denken, der hatte auch eine Eingabe, in die man Rindfleisch und Zwiebeln hineinsteckte, eine Zentraleinheit, die alles schön zerkleinerte, und eine Ausgabe, aus der das Hackfleisch in die Schüssel fiel. Der Vortragende aber fuhr fort:

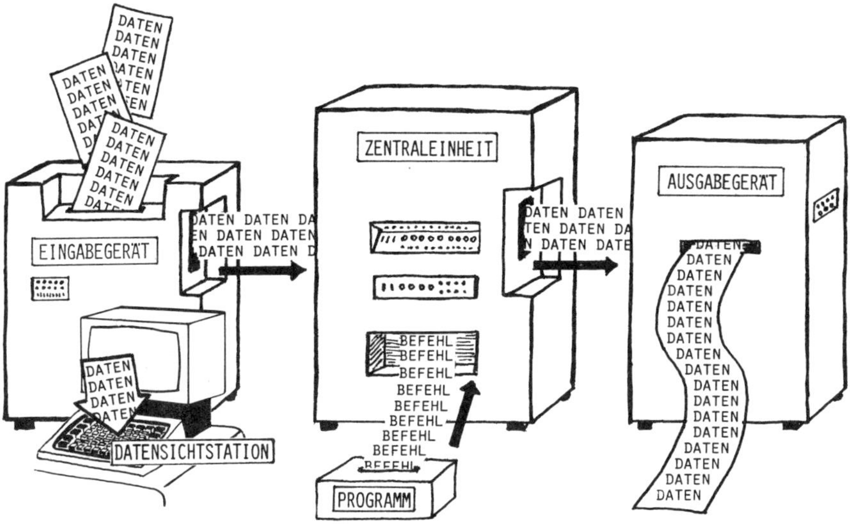

Die Zentraleinheit des Computers bekommt von einem Eingabegerät Daten, die sie so verarbeitet, wie es die Befehle ihres Programmes vorschreiben. Das Ergebnis sind neue Daten, die an ein Ausgabegerät weitergeleitet werden.

»Über ein Eingabegerät werden Daten in die Zentraleinheit eingegeben, die Zentraleinheit verarbeitet diese und gibt die Ergebnisse an das Ausgabegerät. Wie die Verarbeitung der Daten erfolgt, das bestimmt das in der Zentraleinheit gespeicherte Programm. Das Programm zerfällt wiederum in viele Befehle . . .«
»Zu komisch«, dachte Herr Ypsilon, »was ist das für ein ulkiges Computerprogramm? Im Fernsehprogramm stehen jedenfalls keine Befehle. Ich habe da noch nie sowas wie ›Hau ab‹ oder ›Los, pack an‹ gelesen. Rauhe Burschen, diese Computer, wenn man ihnen nur mit Befehlen beikommen kann! Oder sind die Datenverarbeitungsingenieure und Computerprofessoren einfach Witzbolde, die sich mit ihrem Computerlatein über uns Laien lustig machen? – Aber wartet nur, ich komme euch schon noch auf die Schliche!«
»Hat das eigentlich etwas mit Kalendern zu tun, so eine Datumsverarbeitungsanlage?« fragte Frau Ypsilon ihren Mann an diesem Tag beim Abendessen.
»Datenverarbeitungsanlage! Daten!« korrigierte Herr Ypsilon, und wollte seine neuesten Kenntnisse über Eingabe- und Ausgabegeräte hervorholen.
Seine Frau aber blieb hartnäckig: »›Daten‹ ist doch bloß die Mehrzahl von ›Datum‹!«

Wir wollen nicht über Herrn Ypsilon lachen, weil er an dieser Stelle ins Stottern kam. Natürlich hat seine Frau recht. Daten sind nur die Mehrzahl von Datum. Kurios ist nur, daß man mit dem Einzahlwort »Datum« meist das Kalenderdatum meint, während man mit dem Mehrzahlwort »Daten« das bezeichnet, was man dem Computer zu verarbeiten gibt, weshalb dieser eben auch Datenverarbeitungsanlage heißt. Das hat schon manchen Datenverarbeiter in Verlegenheit gebracht, und mancher sagt dann, wenn er wirklich einmal die Einzahl von Daten verwenden möchte: »Eine Date«.
Aber was sind denn eigentlich Daten im Sinn der Datenverarbeitung? Kurz gesagt: jedes Wort, jede Zahl, jedes Zeichen, das einen Wert, einen

Gegenstand, einen Sachverhalt ausdrückt. Dazu gehört mein Geburtsdatum genauso wie der Name des Lesers, die Anzahl der Einwohner Münchens, der Weltrekord im Stabhochsprung und überhaupt alles, was man irgendwie benennen, messen oder anderweitig bestimmen kann. Für einen Computer, der zur Verbrecherjagd eingesetzt wird, ist die Narbe über dem linken Auge von Pistolen-Fiete ein ebenso wichtiges Datum wie alle Decknamen, unter denen dieser gesuchte Ganove bisher in Luxushotels übernachtet und die Zeche geprellt hat.
Die Datenverarbeitungsanlage der Schulverwaltung kann die komplizierte Ausarbeitung von Stundenplänen für eine große Schule nur dann bewältigen, wenn man ihr mitteilt, wieviele Lehrer, wieviele Klassen, wieviele Klassenzimmer es gibt, welche Lehrer in welchen Fächern unterrichten können, wieviele Physik-, Musik- und Zeichensäle zur Verfügung stehen, wann die Turnhalle frei ist und noch viele andere Daten mehr.
Mein Finanzamt hat natürlich auch einen Computer, und der ist nun wieder ganz neugierig auf mein Einkommen, auf das Honorar, das mir der Verlag für dieses Buch bezahlt, auf mein Alter, meine Steuerklasse und all die anderen Angaben, die er zum Berechnen meiner Steuer benötigt. Das sind ebenfalls Daten.

Der Computer hat viele Namen – einige liegen schief

Weil das Ding, mit dem wir uns in diesem Buch beschäftigen wollen, immer Daten verarbeiten muß, ist »Datenverarbeitungsanlage« ein passender Name dafür. Manche Leute sagen lieber »Computer« und finden das schicker, aber es bedeutet das gleiche. Und so feierliche Ausdrücke wie »Elektronengehirn«, »Elektronenrechner«, »Datensystem« oder »Großrechenanlage« besagen nichts anderes.
Bezeichnungen wie »Elektronenrechner«, die das Rechnen betonen, sind sogar irreführend. Natürlich kann ein Computer unvorstellbar schnell die

kompliziertesten Rechnungen ausführen. Aber wenn man ihn nur als besonders tüchtige Rechenmaschine ansehen wollte, würde man ihn weit unterschätzen. Er kann . . . nein, ich will nicht alles schon zu Beginn erzählen, also beschränke ich mich auf die Feststellung: Er verarbeitet nicht nur Zahlendaten, sondern auch jede andere Art von Daten. Deshalb sollten die Räume oder die Abteilungen, in denen Computer arbeiten, auch besser »Datenverarbeitungszentren« und nicht »Rechenzentren« heißen; aber fast überall steht »Rechenzentrum« an der Tür, das hat sich so fest eingebürgert, daß nichts mehr dagegen zu machen ist.
Ganz falsch aber liegen die Leute, die den Computer »Elektronengehirn« nennen. Wir werden sehen, daß zwischen dem, was ein Computer macht, und den Fähigkeiten unseres Gehirns ein himmelweiter Unterschied besteht. Lustig und treffend hat deshalb einmal jemand behauptet, ein Computer sei »ein Idiot mit Spezialbegabung«. Das gefällt mir schon besser und es tut meiner Meinung nach der Ehre der Computerbauer durchaus keinen Abbruch; denn, wie die folgenden Kapitel zeigen sollen, ist diese Spezialbegabung eine spannende und hochinteressante Angelegenheit, und Herr Ypsilon hat ganz recht, wenn er nichts unversucht läßt, um dem Computer schließlich doch auf die Schliche zu kommen.

Bei Herrn Rippenspeer bewirbt sich ein Tausendkünstler

Auf dem Schreibtisch von Herrn Rippenspeer, Inhaber der Fleischkonservenfabrik Rippenspeer und Speck, liegt der schöne, bunte Prospekt einer Firma, die Datenverarbeitungsanlagen baut. Die Titelseite zeigt eine Art Kastenmännchen, so einen Schrank mit Kopf, Armen und Beinen. Der Schrank ist mit Schaltern, Knöpfen und Lampen verziert und bewegt sich auf seinen Strichbeinchen über den Prospekt. In die eine Hand hat ihm der Zeichner eine Magnetbandrolle gegeben, mit der anderen schwenkt er einen langen, zahlenbedeckten Papierstreifen, aus dem Vollmondgesicht

(Punkt, Punkt, Komma, Strich) wölbt sich eine Sprechblase mit der Ankündigung: »Ich bin der Supercomputer, Ihr neuer Mitarbeiter!«
Reginald Rippenspeer kratzt sich am Kopf und schlägt die nächste Seite auf. »Ich schreibe Ihre Rechnungen, rechne die Prozente aus, addiere die Frachtkosten dazu, setze auch die Adressen Ihrer Kunden ein, passe auf, daß die Kunden rechtzeitig zahlen, drucke Mahnungen für die, die es vergessen haben, melde Ihnen auch, wenn ein Kunde längere Zeit nichts bestellt hat, und jeden Abend bekommen Sie von mir eine Liste, in der ich Ihnen genau ausgerechnet habe, wieviel Geld an diesem Tag in Ihre Kasse gekommen ist!«
Herr Rippenspeer sagt: »Hm!« und denkt nach. Nicht schlecht, so ein Mitarbeiter, doch wie kann der das? Rechnungen schreiben will er? Dann müßte er doch erst einmal die eingehenden Bestellungen der Kunden lesen können! Auf die Zahlungen der Kunden achten will er? Dann müßte er ja die ganze Kundenkartei im Gedächtnis haben. Und wenn er Rechnungen schreiben will, dann muß er eine Schreibmaschine bedienen können. Und woher weiß er, wieviel die bestellten Waren kosten und wieviel Prozent er abziehen muß und daß er Verpackungskosten nur bei Kleinlieferungen berechnen darf?
Rippenspeer schüttelt den Kopf und sagt: »Daß Computer rechnen können, glaube ich ja, aber lesen, schreiben, Kundenadressen im Kopf haben, Lieferbedingungen auswendig wissen . . .?«

Ja, wenn ein Computer das nicht könnte, wäre er keine Datenverarbeitungsanlage. Natürlich kann er lesen (darüber sprechen wir im nächsten Kapitel), er hat auch eine Art Gedächtnis, in der Computersprache Speicher genannt, und man kann ihm auch mitteilen, was er mit den gelesenen Daten tun soll; diese Mitteilung ist das Programm, das er in seinem Speicher aufbewahrt und nach dem er arbeitet. Schließlich kann er auch Schreibmaschinen bedienen und sehr schnelle Drucker, die aber nichts mit Buchdruckerei zu tun haben.
Wie hatte es doch Herr Ypsilon in dem Computervortrag gehört? Die Datenverarbeitungsanlage Ixypsilonzet zerfällt in drei Teile: die Eingabe,

die Zentraleinheit und die Ausgabe. Über ein Eingabegerät werden Daten in die Zentraleinheit eingegeben, die Zentraleinheit verarbeitet diese und gibt die Ergebnisse an ein Ausgabegerät. Wie die Verarbeitung der Daten erfolgt, das bestimmt das in der Zentraleinheit gespeicherte Programm.

Rippenspeer hat den bunten Prospekt erst einmal beiseite gelegt. Er gehört zu den Leuten, die sehr mißtrauisch gegen Versprechungen sind, solange sie sich nicht vergewissert haben, daß »etwas Solides dahintersteckt«. Das können wir ihm nicht verübeln. Auch wir glauben ja nicht alles.
Was die Behauptungen der Supercomputer-Firma anbelangt: Sie klingen wohl etwas unwahrscheinlich, aber es steht handfeste Technik hinter ihnen. Nur erzählt der Prospektverfasser nichts von dieser Technik, weil sie zu schwer verständlich und zu kompliziert ist. Er hat nur geschrieben, wie sich ein Computer nützlich machen kann. Von dieser Nützlichkeit zu wissen, ist auch für uns wichtig. Die ganze Computertechnik wäre ja eine Art wissenschaftliche Spielerei geblieben, gäbe es nicht so viele Gebiete, auf denen Computer als schnelle, genaue und vielseitige Gehilfen den Menschen dienen können; nicht nur in der Fleischkonservenfabrik des Herrn Rippenspeer, sondern auch in der Weltraumforschung, bei der großstädtischen Verkehrsregelung, beim Vermitteln von Telefongesprächen und bei ungezählten anderen Aufgaben.
Bei alledem fragen sich jedoch viele immer wieder: »Wie ist das möglich?« Da auch uns diese Frage beschäftigt, wollen wir mit Herrn Ypsilon erst einmal tiefer in den Computer hineinsehen.

Wir erfahren einiges über Impulse und Schalter – Herr Ypsilon will den Computer beim Lesen beobachten

Heute geniert sich Herr Ypsilon ein bißchen, weil er damals gekichert hat, als er in dem Computervortrag hörte, daß dem Computer Daten eingegeben werden. Hatte er sich doch unwillkürlich einen Computer vorstellen müssen, der von einem Löffel Daten schluckt wie Lebertran! Inzwischen hat er gehört, daß Computer Daten lesen können. Das klingt natürlich viel vornehmer. Und er hat auch gehört, daß es besondere Schriften sind, die sie lesen. Gerade ist er wieder auf dem Weg in das Rechenzentrum seines Freundes Klar, den er bitten will, ihn einmal zuschauen zu lassen, wenn der Computer liest.

Mein Fotoapparat ist so gebaut, daß er den Film belichtet, wenn ich auf den Auslöser drücke. Die elektrische Spielzeuglokomotive, die bei Spielzeug-Huber um die Weihnachtszeit über ein verwirrendes Gleisnetz rollt, fährt vorwärts oder rückwärts – so wie Herr Huber den Hebel am Transformator stellt. Auch viele andere technische Geräte sind so eingerichtet, daß man ihnen in bestimmter Weise sagen muß, was sie tun sollen. Das gilt auch für Computer.

Elektrischen Geräten sagen wir gewöhnlich durch Einschalten des Stromes: »Los, jetzt fang an!« Ein so einfaches Gerät wie ein Staubsauger fängt dann tatsächlich gleich an – er saugt, denn mehr kann er nicht.

Ein Computer kann erheblich mehr als ein Staubsauger und muß deshalb auch genauere Anweisungen bekommen. Ihm genügen die beiden Befehle »Loslaufen« und »Anhalten« nicht, er benötigt Hunderte und Tausende von Befehlen, die wir zusammengefaßt auch »Programm« nennen, und viele Daten für seine Arbeit. Auch dem Computer teilen wir das alles durch Strom mit. Aber vornehm, wie er ist, verwendet er Befehle und Daten nicht gleich, sondern bewahrt sie auf, bis er sie braucht: Er merkt sie sich – er »speichert« sie.

Wenn ein Computer sich etwas merken will, macht er das auf ganz

einfache Weise: Er legt einen Schalter um. Mehr kann er nicht. Aber da er flink ist, kann er nacheinander sehr viele Schalter umlegen; Tausende in einer Sekunde.
Später werden wir diese Schalter noch unter die Lupe nehmen; man braucht wirklich eine Lupe, ja sogar ein Mikroskop, um sie zu sehen, so klein sind sie; sonst ließen sich ja nicht so viele in einen Computer hineinpacken. Wir werden auch noch untersuchen, wie es möglich ist, in einer solchen Armee von Schaltern alle möglichen Wörter, ganze Sätze, wenn man will sogar Gedichte oder Witze, und selbstverständlich alle Arten von Zahlen festzuhalten, zu speichern.
Wollen wir dem Computer nun etwas mitteilen, etwas »zu lesen geben«, so bedeutet das: Wir müssen ihn dazu bringen, daß er in seinem Inneren einen freien Schalter umlegt, oder zwei oder so viele, wie für die Aufnahme unserer Mitteilung erforderlich sind. Jeden dieser inneren Schalter bringt der Computer durch einen kleinen Stromstoß, man nennt ihn auch Stromimpuls, in die gewünschte Stellung, und wenn man das weiß . . .

». . . dann kann man ihm das, was er sich merken soll, in kleinen Stromstößen mitteilen.« So sagt gerade Herr Ypsilon zu Herrn Klar, nachdem er es sich auf einem schönen Drehstuhl im Rechenzentrum bequem gemacht hat.
»Stimmt genau«, antwortet Klar.
»Aber ich denke, Computer können lesen! Das hat doch nichts mit Lesen zu tun.«
Klar lacht: »Sie wissen doch, jeder Computer hat ein Eingabegerät. Es gibt verschiedene Arten von Eingabegeräten, sie sind gewissermaßen die Sinnesorgane, deren sich Computer bedienen, mit denen sie ›sehen‹ und ›lesen‹, ja manchmal auch ›hören‹. Das klingt natürlich ein bißchen großartiger, als es in Wirklichkeit ist. So, wie ein Mensch, kann ein Computer auch mit dem raffiniertesten Sehgerät nicht sehen; meist kann er damit nur merken, ob etwas hell oder dunkel, weiß oder schwarz ist. Aber es gibt tatsächlich auch Eingabegeräte, die gedruckte Schrift lesen können; manche erkennen sogar Buchstaben, die jemand mit der Hand

geschrieben hat. Solche Schriftleser sind jedoch teuer, und da auch die Leute, die sich einen Computer leisten, nicht immer in Geld schwimmen, sind sie zufrieden, wenn ihr Computer wenigstens – ja, wie soll ich das jetzt sagen – also wenn er wenigstens mit den Fingern untersuchen kann, ob ein Stück Karton oder ein Papierstreifen an bestimmten Stellen Löcher hat oder nicht.«

Vom Tastsinn gewisser Geräte und der Kunst, Lochschrift zu lesen

Herr Klar nimmt aus einem Fach ein fingerbreites Papierband, das sich von einer Rolle abspult. »Wissen Sie, was das ist, Herr Ypsilon?«
Dieser hat gleich bemerkt, daß das Band an vielen Stellen durchlöchert ist.
»Ein Lochstreifen?« fragt er etwas unsicher, denn er hat das Wort zwar schon gelesen, weiß aber nicht genau, was es bedeutet.

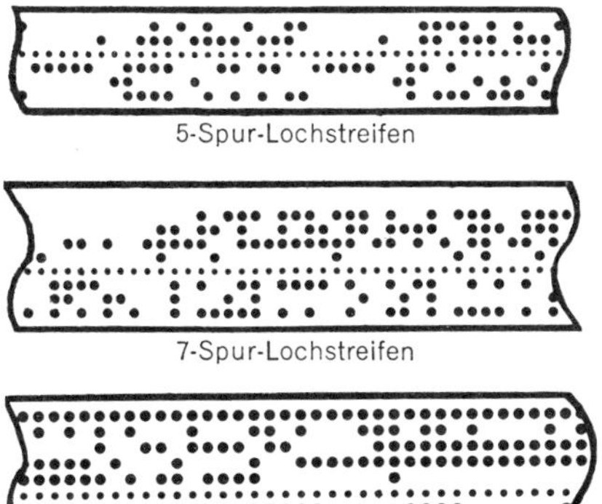

Einige Beispiele für Lochstreifen. Die kleine Lochreihe dient nur dem Transport des Streifens. Die größeren Löcher stellen in codierter Form die Daten – also den »Inhalt« des Lochstreifens – dar.

»Jawohl, ein Lochstreifen. Die Löcher hier drin sind nicht von ungefähr eingestanzt, sondern jedes hat eine ganz bestimmte Bedeutung. Für solche Lochstreifen gibt es Abtasteinrichtungen, sogenannte Lochstreifenabtaster. Die untersuchen, wo der Streifen Löcher hat, und melden das an den Computer weiter.«
»Durch einen Stromstoß?«
»Genau! Durch einen Stromstoß, auch Stromimpuls genannt.«
»Aber wie wird aus einem Loch ein Stromimpuls?«
»Das ist ganz einfach: Im Lochstreifenabtaster befindet sich eine Metallplatte, die steht unter Strom. Über der Metallplatte befinden sich Stifte, ebenfalls aus Metall, die die Metallplatte berühren und den Strom an den Computer weiterleiten. Wenn ich nun einen Lochstreifen zwischen die stromführende Platte und die Stifte schiebe, können die Stifte nur dann bis an die Platte kommen, wenn sie ein Loch im Streifen finden. Jedesmal aber, wenn ihnen das gelingt . . .«

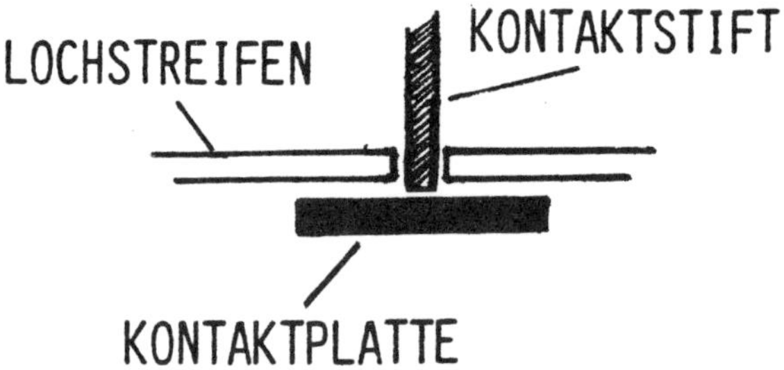

Der Abtaststift des Lochstreifenabtasters hat ein Loch im Streifen gefunden und berührt die Kontaktplatte, so daß ein Stromimpuls entsteht.

»Gibt's einen Stromimpuls«, ergänzt Ypsilon, ganz stolz auf seinen Scharfsinn. Aber schon wird er mißtrauisch und meint: »Das kommt mir reichlich umständlich vor. Und warum sprechen Sie von mehreren Stiften? Genügt nicht einer? Und in diesem Lochstreifen hier sehe ich Löcher nicht nur hintereinander, sondern auch nebeneinander, wie sollen die alle von Stiften erwischt werden? Und wenn dann zwei Stifte das gleiche Loch . . .«

»Halt, halt!« lacht Klar. »Schön der Reihe nach! Denken wir uns also zunächst einmal eine Abtasteinrichtung mit nur einem Stift, und dann einen Lochstreifen, auf dem alle Löcher genau in einer Reihe hintereinander liegen. Dann stellen wir uns vor, dieser Lochstreifen wird wie ein Film oder ein Tonband unter dem Stift durchgeschoben. Was passiert?«

»Jetzt gehen alle Löcher genau unter dem Stift durch, der berührt durch jedes Loch die Platte, bekommt Strom und schickt den Stromimpuls an den Computer.«

»Richtig, Herr Ypsilon, auf diese Weise erfährt der Computer, daß Löcher im Lochstreifen sind. Nur reicht das leider nicht. Haben Sie schon mal etwas über Lochschrift gehört?«

»Lochschrift? Nein.«

»Die einfachste Sache der Welt! Lochschrift besteht nur aus zwei Zeichen, nämlich aus ›kein Loch‹ und aus ›Loch‹. Deshalb sehen sie auch in diesem Lochstreifen so viele Stellen, an denen die Löcher fehlen. Die Stellen ohne Löcher sind für den Lochstreifenabtaster ebenso wichtig wie die gelochten Stellen. Mit dieser primitiven Lochschrift kann man dem Computer alles mitteilen: Ziffern und Buchstaben und alles, was sich an Zahlen und Wörtern aus Ziffern und Buchstaben zusammensetzen läßt. Bei Ziffern geht das so:«

Herr Klar nimmt einen Bogen Papier und schreibt:

»Ein Loch« bedeutet 1.

»Ein Loch und dahinter kein Loch« bedeutet 2.

»Zwei Löcher hintereinander« bedeutet 3.

»Ein Loch und dahinter zweimal kein Loch« bedeutet 4.

»Das ist ja schrecklich kompliziert!« ruft Herr Ypsilon.

»Halb so schlimm«, meint Klar. »Ich wollte Ihnen damit nur zeigen, daß man für jede Ziffer und jeden Buchstaben eine bestimmte Kombination von Stellen mit Löchern und Stellen ohne Löcher festgelegt hat. Damit nichts schiefgehen kann, sind die Abstände, in denen Löcher im Streifen sein dürfen, ebenfalls genau bestimmt. Und exakt in diesen Abständen probiert der Stift auch den Lochstreifen durch.«

»Aber wenn er an einer Stelle kein Loch findet, schickt er doch keinen

Stromimpuls an den Computer, wie weiß der denn, was jetzt gemeint ist?«
»Gut! Der Computer kennt natürlich die Abstände, in denen der Stift den vorbeilaufenden Streifen danach absucht, ob ein Loch vorhanden ist oder nicht. Und genau in den gleichen Abständen – es sind Bruchteile von Sekunden – erwartet er die kleinen Stromimpulse. Er zählt sozusagen mit. Kommt ein Impuls, dann vermerkt er: ›Loch gelesen‹. Bleibt der Impuls aus, dann weiß er: ›Kein Loch gelesen‹.«
Ypsilon wollte schon fragen, wie der Computer das macht: zählen; da fiel sein Blick wieder auf den Lochstreifen, den Klar immer noch in der Hand hielt, und er sah die vielen Löcher, die da nicht nur hintereinander, sondern auch nebeneinander eingestanzt waren.
»Dieser Lochstreifen hier«, fuhr Herr Klar jetzt fort, »hat für acht Löcher nebeneinander Platz. Acht Stellen mit oder ohne Loch sind nämlich für den Computer eine ganz ideale Anzahl. Das ergibt eine große Menge von Loch- und Nicht-Loch-Kombinationen, die für alle Buchstaben, für Punkte, Kommas, sämtliche Ziffern und eine ganze Reihe anderer Zeichen reichen, die der Computer speichern oder verarbeiten muß. Im Lochstreifenabtaster befinden sich deshalb auch acht Metallstifte nebeneinander, die suchen den Lochstreifen Schritt für Schritt gleichzeitig ab und melden dem Computer, wo sie Löcher entdeckt haben.«
»Aber Sie haben doch gerade gesagt, daß der Computer mitzählt, um die Nicht-Löcher festzustellen! Wenn jetzt acht Stifte gleichzeitig Stromimpulse an ihn weitergeben wollen?«
»Die acht Stifte tasten zwar alle auf einmal, aber im Lochstreifenabtaster ist ein Schalter, der blitzschnell nacheinander jeden einzelnen Stift – vom ersten bis zum achten – mit dem Computer verbindet. Auf diese Weise bekommt der Computer die Impulse schön nacheinander.«

Herr Ypsilon überlistet den Aufzug und vergißt zu fragen, wie Löcher in Lochstreifen kommen

»Schon halb fünf!« ruft Herr Ypsilon plötzlich. »Meine Bahn fährt mir weg!« Eilig schüttelt er Herrn Klar die Hand und hastet aus dem Rechenzentrum. Drüben am Aufzug geht gerade die automatische Schiebetür zu. Mit drei großen Sätzen ist er dort und hält die Hand blitzschnell in den letzten Spalt der sich schließenden Tür – da weicht sie ganz höflich zurück und läßt ihn noch einsteigen.

Herr Ypsilon hat seine Bahn erreicht; aber nur, weil er die Technik überlistete. Er wußte, daß ein Lichtstrahl prüft, ob jemand in der Aufzugtür steht, und daß die Tür nicht schließt, wenn der Strahl sein Ziel nicht erreicht; zum Beispiel, weil jemand seine Hand dazwischenhält. Das Ziel des Lichtstrahls aber ist eine Fotodiode. Eine solche Fotodiode hat eine interessante Eigenschaft: Sie setzt einem Strom, der durch sie hindurchfließen will, einen kräftigen Widerstand entgegen, solange sie im Dunkeln sitzt und nicht beleuchtet wird. Fällt jedoch Licht auf sie, dann gibt sie den Widerstand auf und den Strom frei. Sie ist also ein Schalter, den man mit einem Lichtstrahl »einschalten« kann.

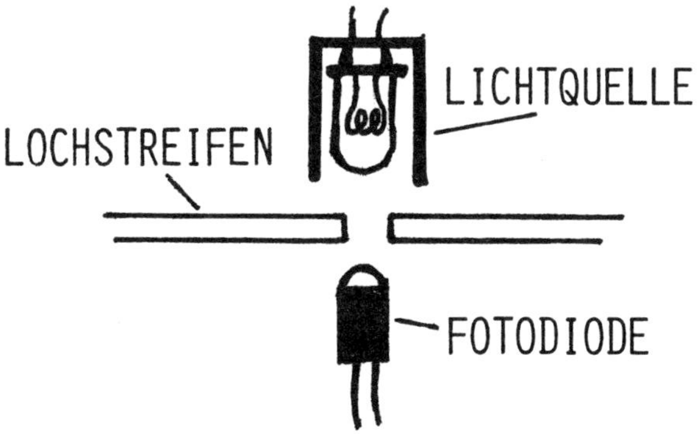

Die Fotodiode erhält durch ein Loch im Lochstreifen Licht und wird leitend.

Solche Schalter gibt es in Aufzugtüren, bei Zähleinrichtungen an Fließbändern und unter anderem auch bei modernen Lochstreifenabtastern. Dort ersetzen sie die Kontaktstifte, von denen Herr Klar seinem Besucher erzählte. Kontaktstifte können klemmen, nutzen sich ab und sind auch relativ langsam, deshalb finden wir heute in der Platte des Lochstreifenabtasters acht winzigkleine Fotodioden und dort, wo die fünf Abtaststifte waren, brennt jetzt eine Lampe. Nun kann der Lochstreifen noch viel schneller durch die Abtastvorrichtung sausen, die Fotodioden merken jedes Loch und schalten blitzschnell den Strom zum Computer ein und aus. Dennoch ist die Bezeichnung »abtasten« geblieben. Nur sagt man jetzt »optisch abtasten«.

Herr Ypsilon hat in der Eile gar nicht mehr daran gedacht, daß er noch fragen wollte, wie die Löcher in den Streifen kommen. Hätte er sich auf seinem Stuhl im Rechenzentrum umgedreht, dann wäre ihm sicher eine junge Dame aufgefallen, die eifrig auf einer Art Schreibmaschine tippte. Und während sie alles abschrieb, was da an Zahlen und Bezeichnungen in einer großen Liste enthalten war, wanderte neben der Maschine ein frischer weißer Papierstreifen in einen kleinen Kasten hinein und kam auf der anderen Seite vielfach durchlöchert wieder heraus.

Die junge Dame bediente einen Lochstreifenlocher, sie übertrug die Daten aus der Liste in den Streifen. Dabei brauchte sie sich nicht darum zu kümmern, wo die Löcher im Streifen hinmußten. Das besorgte alles die Maschine. Tippte sie ein A, dann stanzten acht kleine runde Lochstempel in den Lochstreifen die entsprechenden Löcher. Genauer gesagt: Einige Stempel stanzten und andere blieben still, damit auch genau die Kombination aus Löchern entstand, die der Computer später wieder als A erkennen würde.

Ein Computerbuch verwirrt Herrn Ypsilon – die Sprache der Stromstöße ist immer im Spiel

»Wie lange wischst du denn noch an dem Teller herum, er ist doch längst trocken!« lachte Frau Ypsilon, während sie das Spülwasser ablaufen ließ. Jeden Abend nach dem Essen half ihr Mann ein wenig in der Küche. Heute schien er wieder besonders zerstreut, sonst hätte er nicht so gedankenverloren das Geschirr trockengerieben.

Kein Wunder, Herrn Ypsilon waren gerade wieder die Löcher eingefallen, und dabei hatte er sich erinnert, daß der Professor damals in dem Computervortrag auch von der Dateneingabe in den Computer sprach; aber nicht mit Lochstreifen, sondern mit Lochkarten. Richtig, auch von Lochkartenabtastern hatte er erzählt . . .

Zehn Minuten später saß Ypsilon in der Sofaecke und blätterte in einem dicken Buch aus der Leihbücherei: ein Buch über Computertechnik. Endlich hatte er gefunden, was er suchte. Er setzte sich zurück und las:

»Zu den wichtigsten Datenträgern für die Dateneingabe in eine Datenverarbeitungsanlage gehören Lochstreifen und Lochkarten. Aufgrund der Tatsache, daß bei ihnen die Daten in Form von Lochkombinationen verschlüsselt sind, werden Lochkarten und Lochstreifen auch gelochte Datenträger genannt. Der Lochstreifen enthält die Daten in fester Folge, in die nichts eingefügt und aus der nichts herausgenommen werden kann und deren Reihenfolge auch nicht mehr änderbar ist. Lochkarten können dagegen beliebig umsortiert werden. Ebenso ist es möglich, einzelne Lochkarten auszutauschen, wenn sie fehlerhaft sind . . .«

»Darüber muß ich mit Klar sprechen«, sagte Herr Ypsilon und blätterte ein Stück weiter.

Als er das Buch endlich zuklappte, brummte ihm der Kopf. »Computer tasten nicht nur Löcher ab«, murmelte er. »Hier steht, sie lesen auch Magnetschriften und gedruckte Schriften; aber Klar hat doch gesagt . . .«

Ganz richtig, Herr Ypsilon, Ihr Freund Klar hat Ihnen gesagt, daß

Computer nur Schalter umlegen können, und daß alles, was man ihnen mitteilen will, letzten Endes im Computer als eine Serie kleiner Stromstöße ankommen muß, die dann diese Schalter verstellen – auch dann, wenn nicht Löcher, sondern magnetisierte Bänder und Platten abzutasten sind, ja selbst, wenn Druckbuchstaben gelesen werden sollen.
Darum sind die Lesegeräte des Computers immer Einrichtungen, die ihm solche Stromstöße schicken. Ganz gleich, was sie zu lesen bekommen oder welche Arten von »Schriften« sie erkennen können – stets kommt beim Lesevorgang am »anderen Ende« des Gerätes eine Reihe von Stromstößen heraus.
Die Kunst eines solchen Lesegerätes besteht also in seiner Fähigkeit, alles, was es als »Schrift« vorgesetzt bekommt, in eine andere »Sprache« umzuwandeln – in die Sprache der Stromstöße. Bei einem Lochstreifenabtaster, der Metallstifte durch die Löcher im Streifen gegen eine stromführende Metallplatte drückt, ist das noch einfach vorstellbar, da sieht man ja selbst, daß ein Kontakt hergestellt und damit der Strom, der zum Computer gehen soll, eingeschaltet wird. Bei Lochkarten passiert das gleiche; nur sind hier viel mehr Löcher gleichzeitig abzutasten.
Auch das Abtasten mit Licht können wir noch beobachten, aber die Funktion der Fotodiode entzieht sich schon unserem Vorstellungsvermögen. Gar nichts mehr zu sehen gibt es allerdings bei den magnetischen Aufzeichnungen, von denen wir jetzt sprechen werden.

Von Magnetpunkten, einem Fahrraddynamo und Erfahrungen mit dem Tonbandgerät

»Anstelle eines Lochstreifens kann man auch ein Magnetband nehmen«, sagt Herr Klar, als Ypsilon wieder einmal einen Besuch in seinem Rechenzentrum macht. »Wie man in Papierstreifen Löcher stanzt, so bringt man auf Magnetbändern kleine Magnetpunkte an – besser gesagt:

(Links:) In der Anfangszeit der Computertechnik hatten Lochstreifen ebenso wie Lochkarten große Bedeutung. Lochstreifen nahmen vor allem Programme auf, die dann über einen Lochstreifenabtaster, wie er hier zu sehen ist, in den Computer eingegeben wurden. Für den, der sich zum erstenmal mit Computern beschäftigt, hat der Lochstreifen den Vorzug, daß man auf ihm die »computerlesbare Schrift« noch sehen kann. Inzwischen sind Lochstreifen und Lochkarten weitgehend von Magnetplatten und Magnetbändern abgelöst worden.

(Rechts:) Mit einer besonderen Lupe und unter Zuhilfenahme von feinem Eisenpulver kann man die magnetisierten Bereiche auf einem Magnetband sichtbar machen.

Das Band wird an den entsprechenden Stellen magnetisiert. Das ist ähnlich wie bei einem Tonbandgerät. Was geschieht, wenn Sie mit ihm

Musik aufnehmen? Sie machen das Band, das im Gerät läuft, magnetisch.«
»Dann sind also auf dem Magnetband da, wo im Lochstreifen Löcher wären, lauter kleine Magnete?« fragt Herr Ypsilon.
»Richtig! Und wenn ich das Magnetband unter einer Drahtspule hinwegziehe, und es kommt ein Magnetpunkt an der Spule vorbei, so entsteht in dieser ein kleiner Strom. – Haben Sie ein Fahrrad, Herr Ypsilon?«
»Natürlich.«
»Und auch einen Dynamo dran?«
»Auch den!«
»Dann wissen Sie sicher, daß Ihre Fahrradlampe jedesmal ein bißchen aufglüht, wenn sich der Dynamo dreht; auch wenn es nur ganz kurz ist.«
»Weiß ich.«
»Im Dynamo dreht sich ein Magnet an einer Spule vorbei, dabei entsteht in der Spule Strom, wie die Glühbirne zeigt.«
»Natürlich. Das haben wir in der Schule gelernt.«
»Gut. Nun wieder zu unserem Magnetband. Sie wissen vielleicht, daß auf dem Magnetband eine Schicht ist, die eine Art Eisenpulver enthält, das man magnetisch machen kann.«
»Wenn man Nägel mit einem Magneten anzieht, sind sie selbst hinterher auch magnetisch«, ruft Ypsilon, begeistert darüber, daß er die Sache so gut versteht.
»Genau dasselbe passiert mit dem Eisenpulver in der Magnetbandschicht, Herr Ypsilon, und zwar an ganz bestimmten Stellen. Wenn wir nun – ich sagte es schon – das Magnetband an einer Spule vorbeilaufen lassen, läßt jeder Magnetpunkt in der Spule einen Strom . . .«
»Einen Stromstoß!«
». . . ja, einen Stromstoß entstehen.«
»Warten Sie!« Ypsilon ist jetzt ganz bei der Sache. »Und jedesmal schickt die Spule den Stromstoß an den Computer weiter. Man muß also – ich meine, wenn das ebenso geht wie beim Lochstreifen – dann muß man soviele Spulen nebeneinander wie Löcher im Magnetband, Verzeihung, wie Magnete auf dem Lochstreifen. Unsinn . . .!« Ypsilon holt noch

einmal tief Luft. »Also, wenn das Magnetband so an der Spule vorbeiläuft, wie mein Tonband zu Hause, dann reicht eine Spule gar nicht. Man braucht so viele Spulen nebeneinander wie Magnetpunkte nebeneinander auf dem Magnetband sind – wie viele waren es beim Lochstreifen, Herr Klar?«

»Beim Lochstreifen sind es gewöhnlich fünf bis acht. Auf Magnetbändern kommen die magnetisierten Punkte meist sogar in Neunerreihen daher, also neun nebeneinander – man nennt das auch neun Spuren.«

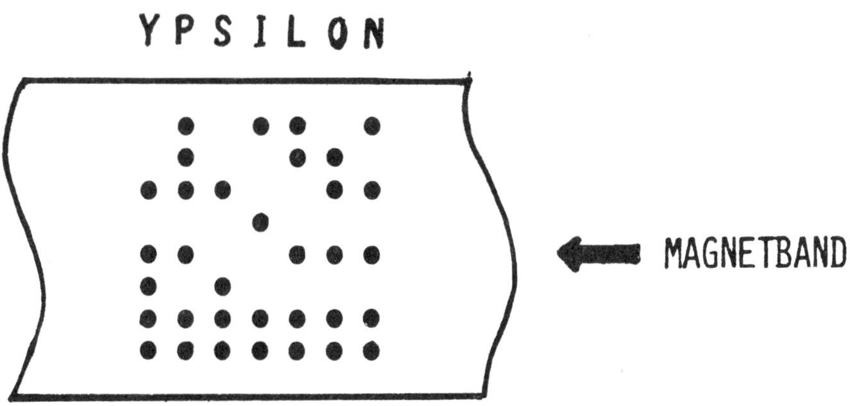

So wird der Name »Ypsilon« in Form von kleinen magnetisierten Bereichen auf dem Magnetband festgehalten.

Da kommt Ypsilon ein Gedanke: »Herr Klar, bei meinem Tonbandgerät kann ich jede Aufnahme löschen und wieder etwas Neues aufnehmen – geht das bei einem Computermagnetband auch?«

»Genauso!«

»Dann kann man also ein Magnetband . . .«

»Immer wieder benützen, Herr Ypsilon, während man den Lochstreifen . . .«

»In den Papierkorb wirft, wenn man ihn nicht mehr braucht«, ergänzt Ypsilon, tief befriedigt über seine neuen Erkenntnisse.

Eine Weile spielen seine Finger mit dem Stückchen Lochstreifen, das er

irgendwo auf dem Fußboden gefunden hat; da bilden sich schon wieder nachdenkliche Falten auf seiner Stirn: Wie macht man Daten zu magnetischen Pünktchen? Und die Schriften, die richtigen Schriften mit Buchstaben, Wörtern, Zahlen, die ein Computer doch angeblich auch lesen kann? Immer wieder neue Fragen!
Fragen, die auch wir beantwortet haben möchten, aber bitte nicht sofort. Ich sagte ja schon, eigentlich müßte man bei der Datenverarbeitung alles gleichzeitig erklären. Auch Herr Ypsilon sollte das beachten, doch wir können verstehen, daß er seine Nase überall möglichst tief hineinstecken möchte, neugierig, wie er nun einmal ist. Aber dabei würde er ebenso die Orientierung verlieren wie ein Wanderer, der nur auf die Baumwurzeln und das Gras guckt und nie auf die umliegenden Kirchturmspitzen und Berge.

Vorteile magnetischer Plattenspieler – die Notizbücher des Computers

Das Magnetband, das Herr Ypsilon eben so genau studierte, hat einen Verwandten, der in der Datenverarbeitung eine ähnlich wichtige Rolle spielt: die Magnetplatte. Das ist eine runde Scheibe, die mit dem gleichen magnetisierbaren Material beschichtet ist, wie das Magnetband. Auch auf ihr wird das, was dem Computer zu lesen gegeben werden soll, in Form von Magnetpünktchen dargestellt.
Allerdings gibt es hier keine Neunerreihen, sondern die Pünktchen kommen schön hintereinander im Gänsemarsch marschiert, und zwar immer im Kreis herum. Diese Kreise liegen ganz dicht beieinander, ungefähr so wie bei einer Schallplatte. Und es gibt auch eine Art Tonarm, der fährt aber nicht eine Rille entlang, denn die Magnetplatte hat gar keine Rillen, sondern er schwebt ganz dicht über der Platte; so dicht, daß die in ihm enthaltene Spule die winzigen Magnetkräfte in den Magnetpünktchen der Platte noch spüren und in Stromstöße für den Computer verwandeln kann.

Warum nimmt man eigentlich Magnetplatten, wenn es schon Magnetbänder gibt? Die Antwort ist einfach: Will ich auf dem Band bestimmte Daten finden, dann muß ich es bis zu der Stelle abspulen, an der sie aufgezeichnet sind. Das dauert lange, ganz gleich, ob es sich um ein Tonband oder ein Computermagnetband handelt. Auf einer Magnetplatte dagegen brauche ich – ähnlich wie auf einer Schallplatte – nur den Abspielarm über die richtige Spur (so nennt man die »Rillen« bei Magnetplatten) bringen, und schon kann das Lesen der gesuchten Daten beginnen.

»Alles schön und gut, aber wie kriegt man denn die magnetischen Pünktchen auf das Band und auf die Platte?« höre ich da Herrn Ypsilon schon wieder ungeduldig fragen.
»Sie meinen, wie man auf magnetische Datenträger schreibt?« sagt sein Freund Klar.
Aha, denkt Ypsilon, »schreiben« heißt das, wenn man Magnetpünktchen macht; »Datenträger«, das weiß ich noch aus dem Computervortrag, nennt man alles, was eine vom Computer lesbare Schrift enthalten kann. »Magnetische Datenträger« können dann nur Magnetbänder und Magnetplatten sein. Dies denkt sich Herr Ypsilon blitzschnell, macht dann ein fachmännisch ernstes Gesicht und sagt: »Genau das meine ich: Wie schreibt man auf magnetische Datenträger?«
»Das Schreiben geht umgekehrt wie das Lesen. Man schickt Strom in die Spule, die wird ein bißchen magnetisch und der Magnetismus überträgt sich auf die Stelle der Magnetschicht, die sich gerade in diesem Moment vor der Spule befindet. Schaltet man den Strom in der Spule wieder aus, dann bleibt trotzdem die Stelle auf dem Band oder auf der Platte magnetisch. Wir haben einen Magnetpunkt ›geschrieben‹. Da aber das Band weiterläuft oder die Platte sich weiterdreht, kann die Spule immer wieder von neuem einen Stromstoß bekommen und einen Magnetpunkt hinter den anderen schreiben.«
»Halt! Nicht so schnell!« ruft Ypsilon und reckt den Finger in die Luft. »Mit Stromstößen kann ich Magnetpunkte schreiben; aus Magnetpunkten

kann ich auch wieder Stromstöße machen . . . das geht also so herum und andersherum auch . . . und wenn ich Magnetpunkte lese, heißt das, ich mache sie wieder zu Stromstößen und schicke sie dem Computer. Könnte dann vielleicht auch der Computer mal Stromstöße für ein Magnetband abgeben?«

»Er könnte nicht nur; er tut es sehr oft«, erwiderte Klar.

»Der Computer schreibt also auf Magnetbänder?«

»Und auf Magnetplatten.«

»Wie in ein Notizbuch?«

»Hm – ja, wie in ein Notizbuch«, bestätigt Klar.

»Erstaunlich! Und dieses Notiz . . . ich meine diese vom Computer mit Magnetpunktschrift beschriebenen magnetischen Datenträger – «, Ypsilon ist ganz stolz, daß er die neugelernte Bezeichnung noch im Kopf hat, »können die auch von anderen Leuten gelesen werden?«

»Auch das geht, Herr Ypsilon.«

»Aber wie?«

Ein Fernsehbildschirm, auf dem kein Krimi läuft – ruckende Magnetbänder – ein Spulensystem springt über Spuren

»Na, kommen Sie mal mit«, sagt Herr Klar und führt Herrn Ypsilon in ein Büro, in dem eine Art Schreibtisch mit einem Fernsehgerät darauf steht. Aber über den Bildschirm dieses Gerätes läuft kein Krimi, sondern da flimmern viele Zahlen. Plötzlich sind sie weg und es erscheinen Namen mit Anschriften, Telefonnummern, Geburtstagen . . .

»Sehen Sie, Herr Ypsilon, alle Daten hier auf dem Bildschirm hat unser Computer vor einiger Zeit mitgeteilt bekommen; er hat sie dann neu zusammengestellt, schön nach den Anfangsbuchstaben der Familiennamen geordnet und auf eine Magnetplatte geschrieben. Man nennt diesen Vorgang auch ›speichern‹. Die Daten werden auf der Magnetplatte

Magnetplattenspeicher gibt es in vielen Ausführungen: für einzelne Platten und sogenannte Plattenstapel. Hier sehen wir einen solchen Stapel. Er besteht aus mehreren auf einer gemeinsamen Achse angebrachten Platten. Jede Platte hat ihre eigenen zwei Magnetköpfe: einen für die Unterseite, einen für die Oberseite. Dadurch sind stets alle Plattenseiten des Speichers »im Zugriff«. Deshalb können sehr viele Daten gelesen oder geschrieben werden, ohne daß die Stellung der Köpfe verändert werden muß.

gespeichert, und das Gerät, in dem sich die Platte dreht, heißt Magnetplattenspeicher. Die Magnetpünktchen auf der Platte erzeugen Stromstöße – Sie wissen ja, wie – und aus diesen Stromstößen setzt das Gerät, das wie ein Fernseher aussieht, schließlich die Buchstaben und Zahlen zusammen, die jetzt auf dem Bildschirm zu sehen sind.«
Ypsilons Blick wechselt vom Bildschirm zum Plattenspeicher. Da gibt es viel Neues zu fragen! Doch Klar kommt ihm zuvor.

»Nebenan stehen unsere Magnetbandspeicher, und auch ein Magnetplattenspeicher wäre da zu sehen. Wenn Sie Lust haben, zeige ich sie Ihnen mal.«

Und ob Ypsilon Lust hat! Schon von der Tür her erkennt er eine Wand aus Schränken. Sie haben Glastüren wie alte Standuhren. Aber wo die Standuhr ihr Zifferblatt zeigt, drehen sich hier jeweils zwei große Magnetbandspulen mit eigenartigem Rucken hin und her. Mal machen sie nur einen blitzschnellen Hopser um einige Zentimeter, mal wickeln sie einige Meter Band von einer Spule auf die andere, um gleich wieder stillzustehen, als sei gar nichts gewesen; bis sie wieder eine ganze Reihe kleiner Rucke in einer Richtung hintereinander vollziehen, so, als bliebe die ganze Apparatur irgendwo hängen und käme nicht richtig vorwärts. Unser Freund Ypsilon sieht sich das eine Weile aufmerksam an. Klar denkt sich: Was wird ihm wohl jetzt durch den Kopf gehen?

»Diese kleinen Rucke«, sagt Ypsilon schließlich, »das ist mir deutlich, daß da jedesmal ein Magnetpunkt gelesen oder geschrieben wird . . .«

»Ich kann gut verstehen, daß Ihnen das so vorkommt, aber es wäre zu umständlich und zu langsam. Magnetbandspeicher schreiben bei einer einzigen schnellen Vorwärtsbewegung des Bandes nicht nur die schon erwähnten neun Magnetpunkte nebeneinander, sondern viele solcher Neunergruppen hintereinander. Das ist wie bei der Eisenbahn: Die Lokomotive bringt nicht jeden Fahrgast einzeln zum Ziel, sondern schafft die Leute waggonweise dahin, ja, sie hängt Waggons zu Zügen aneinander und transportiert alle auf einmal. Wenn Sie das Magnetband einen kleinen Ruck machen sehen, dann ist das sozusagen ein einzelner Waggon. Bewegt es sich längere Zeit, dann wird ein ganzer Zug voll gelesen oder geschrieben.«

»Wieviele Magnetpunkte sitzen denn in Ihren Waggons?«

»Rund hundert müssen es mindestens sein. Kleinere Waggons dürfen nicht fahren, sonst gibt es Entgleisungen. Mit diesen hundert Magnetpunkten lassen sich vierundzwanzig Ziffern darstellen: zum Beispiel acht dreistellige Zahlen. Übrigens nennt man solch einen Magnetpunkte-Waggon einen ›Block‹. Im Gegensatz zu den einheitlichen langen Eisenbahnwagen können Magnetbandblöcke je nach Bedarf auch länger sein. Sie lassen sich bis auf ein Fassungsvermögen von einigen tausend Ziffern ausdehnen.«

»Tausend Ziffern! Das muß dann schon ein ordentlich langes Stück Band sein.«

»Kein Gedanke! Noch nicht einmal zwei Zentimeter sind dafür nötig, Herr Ypsilon.«

»Unglaublich . . . alles bei einem kleinen Ruck geschrieben und bei einem kleinen Ruck gelesen . . .«

Ypsilon starrt noch eine Weile auf die Magnetbandspulen hinter den Scheiben, deren bizarre Bewegungen ihn an das Spiel der Mücken erinnert, dem er als Junge oft zugesehen hat. Dann wendet er sich zu Klar:

»Neulich erzählten Sie mir, daß jeder kleine von einem Lochstreifen oder einem Magnetband ausgelöste Stromstoß im Computer einen Schalter umlegt; aber Sie sagten auch, daß der Computer von einem Programm gesteuert wird und daß er drucken kann; vorhin habe ich selbst gesehen, daß er Zahlen und Namen auf einen Bildschirm erscheinen läßt . . . das ist alles schrecklich interessant, doch wie es möglich ist, werde ich wohl nie begreifen.«

»Aber, aber, Herr Ypsilon! Jetzt schon aufgeben? Sie haben doch die Computertechnik gerade erst etwas angekratzt. Ich wollte Ihnen eben unseren Magnetplattenspeicher zeigen. Hier.«

Klar richtet an einem Schrank, den Ypsilon fast für eine Waschmaschine gehalten hätte, den Deckel auf. Darunter dreht sich wie eine Schallplatte sehr schnell eine braune Scheibe. Über die Scheibe ragt aus einem Kästchen heraus eine Stange.

»An dieser Stange sitzen vorn die Spulen zum Lesen und Schreiben«, erläutert Klar, und Ypsilon erinnert sich an den Vergleich mit dem Schallplatten-Tonabnehmer.

Mit einem Ruck fährt da die Stange einige Zentimeter aus dem Kästchen zur Plattenmitte hin. Ehe Ypsilon etwas sagen kann, ist sie wieder ein Stück in ihr Gehäuse zurückgeschlüpft, um nach Sekunden wieder herauszuschießen.

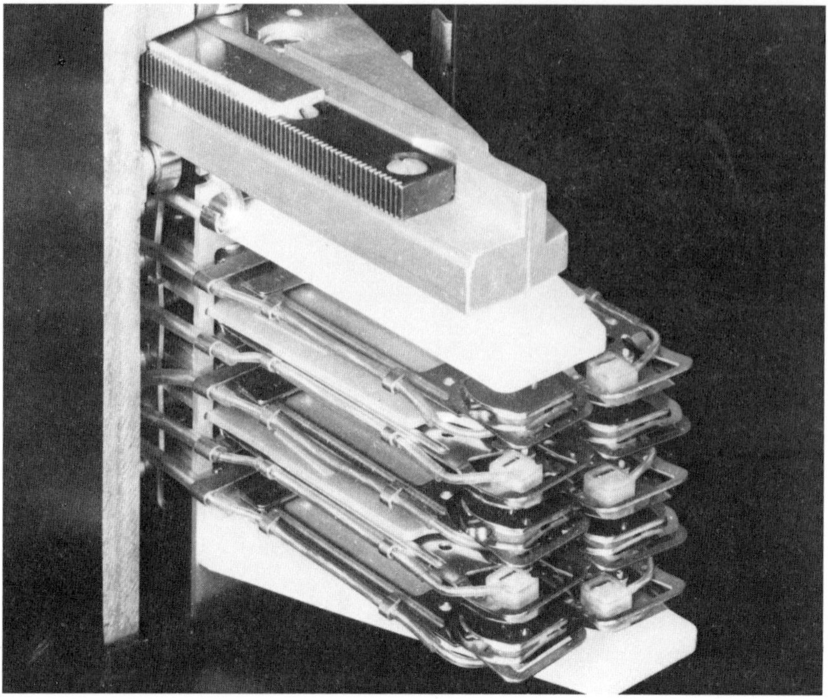

Das ist ein Magnetkopfsatz für den Plattenstapel eines Magnetplattenspeichers. Er wird auch Zugriffsarm genannt. Alle Köpfe sind auf einen gemeinsamen Schubmechanismus montiert und werden gleichzeitig über die Oberflächen der Platten bewegt. Dadurch befinden sich die Köpfe bei allen Platten nach jeder Bewegung stets an der gleichen Stelle (sozusagen in der gleichen »Rille«).

»Die Stange sucht sich wohl die richtigen Rillen«, sagt Ypsilon, nachdem er diesem Spiel eine Weile zugesehen hat. »Aber ich kann gar keine Rillen erkennen.«

»Es gibt auch keine. Hier bilden die magnetisierten Punkte Kreise um den Mittelpunkt der Platte. Viele nebeneinander, bis zum Plattenrand: Sie heißen Spuren. Diese Einrichtung hier«, er zeigte auf das Kästchen, »kann das Spulensystem vorn an der Stange über jeden Kreis bringen.«

»Dort liest oder schreibt es dann?«

»Richtig.«

Herr Ypsilon denkt an Flitz-Montag und läßt sich von einem Lockenkopf die Datenerfassung erklären

Als Ypsilon mit Klar den Raum verließ, ging sein Blick noch einmal zu den emsig arbeitenden Magnetbändern hinüber. Der Computer läßt ihnen gar keine Ruhe, dachte er, und für einen Moment sah er sich wieder in dem großen Bürosaal stehen, in dem er vor Jahrzehnten als vierzehnjähriger Laufbursche sein erstes Geld verdiente.

Dort saßen die Fakturisten und die Karteiführer, die Lager-, Lohn- und Kontokorrentbuchhalter, die griesgrämigen Hilfsbuchhalter und die jungen Lehrlinge. Über alle regierte Herr Montag. Zwischen Herrn Montag und den vielen Angestellten an ihren Tischen sah Herr Ypsilon sein jugendliches Abbild hin- und herflitzen; denn immer mußte geflitzt werden, das verlangte »Flitz-Montag«, wie sie ihn nannten. Diesem etwas zum Einschreiben bringen, jenem ein Verzeichnis abverlangen, das Flitz-Montag blitzschnell brauchte . . .

»Ich werde den Computer von jetzt an ›Flitz-Montag‹ nennen«, bemerkte er zu Klar, aber der hörte ihn nicht, denn er redete im nächsten Büro auf einen weiblichen Lockenkopf ein, der ein paarmal kräftig nickte und sich dann nach Ypsilon umdrehte:

»Herr Klar möchte, daß ich Ihnen mal meine Datenerfassung vorführe.«

Der Lockenkopf schwenkte zu seinem Arbeitstisch zurück.

Aha, wieder Schreibtisch mit Fernsehgerät, stellte Ypsilon fest.

»Also«, kam es nun unter den Locken hervor, »das Ganze ist ein Datenerfassungsplatz, und er besteht aus dieser Tastatur vor mir, aus dem Magnetplattenspeicher, der ist unter der Tischplatte eingebaut, und dem Bildschirm hier.« Die Gelockte vollführte mit dem Bleistiftende einen Kreis um die Mattscheibe. Dann schwebte der Bleistift auf die Tasten zurück:

»Was ich hier auf dieser Tastatur eingebe – also die Daten – das kommt zunächst alles auf dem Bildschirm wieder. Ich mach's jetzt mal . . . was soll ich denn mal eben schreiben . . .?«

»Flitz-Montag«, sagte Ypsilon.
Der Lockenkopf schickte lachend seine flinken Finger über die Tasten: „FLITZ-MONTAG“ flimmerte es in grünlichen Buchstaben vom Bildschirm. Klar schmunzelte, was sollte dieses Wort wohl bedeuten?
»Nun guck ich mir mal erst an, ob ich's auch richtig geschrieben habe, ich meine: eingetastet habe. Wenn's nicht stimmt, muß ich korrigieren.«
Schneller, als Ypsilon folgen konnte, leuchtete auf einmal „FLITZ-DIENSTAG“ vom Bildschirm.
»Montag stimmt aber!« sagte er ein wenig überrumpelt.
»Also gut«, der Lockenkopf hatte schon wieder berichtigt, »und erst, wenn alles in Ordnung ist auf der Mattscheibe, geht's ab in den Speicher. Dazu drücke ich diese Taste hier, die grüne meine ich – und alles ist auf der Magnetplatte und ich kann die nächsten Daten eingeben.«
Ypsilon stützte seinen Arm lässig auf das Bildschirmgerät, sagte mit leutseligem Lächeln »Dankeschön« zu dem Lockenkopf und darauf mit der ernsten Miene des Wissenden zu Klar: »So kommen also die Magnetpunkte auf die Platte.«
Der Lockenkopf war beleidigt: »Die müssen woanders draufgekommen sein! Meine Platten waren immer in Ordnung!«
»Keine Angst«, lachte jetzt Klar, »mein Freund meint doch nur die Datenaufzeichnung. Wir haben da unsere besonderen Ausdrücke«, fügte er mit einem Augenzwinkern hinzu, und Ypsilon genierte sich mächtig und nahm sich vor, nicht so schnell wieder den Fachmann zu spielen.
»Habe ich denn etwas Falsches gesagt?« fragte er im Hinausgehen.
»Keineswegs, nur – kein Mensch, außer uns, spricht von Magnetpunkten.«
»Gibt es die denn gar nicht?«
»Würden Sie einen Ingenieur fragen, dann sagte der vielleicht: ›In Form von Punkten magnetisieren wir die Bänder oder Platten nicht, wir gehen etwas anders vor, wenn wir Daten auf Magnetschichten aufzeichnen.‹ Dann erklärte der Mann Ihnen sicher die fünf oder sechs Verfahren, die man in der Computertechnik heute anwendet; aber immer gehen sie vom gleichen Grundprinzip aus: der Unterscheidung von magnetisierten Berei-

chen ›magnetischen Schriftzeichen‹, für die wir beide zur Vereinfachung das Wort ›Magnetpunkt‹ ausgedacht hatten; und immer ist dabei das Spulensystem im Spiel, von dem wir sprachen, und das der Ingenieur einfach ›Magnetkopf‹ nennt.«
An diesem Tag hat Herr Ypsilon nichts mehr gefragt. Noch auf dem Nachhauseweg wirbelten Magnetpünktchen durch seinen ermüdeten Kopf und erst die frische Luft im Laub der Alleebäume draußen im Vorort, in dem er wohnte, machte ihm die Gedanken wieder klar. Fröhlich nickte er dem Türschild zu, das in blankem Messing seinen Namen zeigte, und dachte: »Das kann wohl kein Magnetkopf lesen, meiner aber mit Leichtigkeit!«

Gedanken bei der Probefahrt einer Modelleisenbahn

Jedes Jahr vor Weihnachten verschwinden Thomas, Michael und Dieter eines Sonnabends gleich nach dem Frühstück im Keller. Da rumoren sie den ganzen Tag; kaum, daß sie heraufkommen, wenn ihre Schwester Bettina ruft: »Das Essen ist fertig.«
Was sie tun? Sie bauen ihre große Modelleisenbahn auf. Jeder hat seinen eigenen Bahnhof: Michelsberg, Thomasburg und Dieteringen heißen die Stationen. Zwischen ihnen verlegen sie ein unübersehbares Gewirr von Gleisen, und tief in der Nacht zum Sonntag ist es dann soweit: Die erste Lok fährt die Strecke ab, klettert über die Brücken, passiert viele Bahnübergänge, verschwindet bei Dieteringen im Tunnel unter dem großen Berg mit der Burgruine – es ist die Thomasburg, wie die gleichnamige Station nach dem Ältesten der Brüder benannt – und nun gehen aller Augen erwartungsvoll zum Thomasburger Tunnelausgang, wo gleich die Loklichter in der dunklen Röhre aufleuchten müßten. Stattdessen hört man die kleine Lokomotive auf einmal jenseits des Berges über die Güterbahnhofgleise von Dieteringen rattern: Sie hat den anderen Tunnel-

ausgang benützt und den drei Modelleisenbahnern ein Schnippchen geschlagen . . .
»Tunnelweiche war falsch gestellt«, kommentiert Dieter, der das Stellwerk bedient. »Also noch einmal die Runde und dann richtig!«
Bald hat die schwarzglänzende Tenderlokomotive alle Gleise, alle Schleifen, alle Kreuzungen, alle Weichen erprobt; nun darf sie noch auf die Drehscheibe, und dann macht sie – so ist es alljährlich schon Tradition – mit sieben Güterwagen hintendran drei Ehrenrunden über das ganze Schienennetz. Ich schaue pfeiferauchend zu, wie der kleine Zug immer wieder die Weiche vor mir passiert und die Richtung nach Michelsberg nimmt.
»Feierabend«, ruft Dieter und läßt die Lok mit ihren Anhängern vor dem Thomasburger Güterbahnhof auslaufen, »schon Mitternacht!«
»Nicht so kompliziert wie deine Computer«, meint Michael zu mir, »aber doch ganz schön verzwickt, so eine Modellbahn, stimmt's?«
»Diese Weiche hier«, sage ich, »hat mich sehr an meine Computer erinnert.«
»Das mußt du uns noch schnell erzählen!« Thomas wird neugierig.
»Sehr einfach: Die Weiche ist ein Speicher.«
»Bitte etwas deutlicher!«
»Nun, stellt euch vor, ihr gebt morgen wieder Strom auf eure Gleise, der Güterzug schnauft los, macht seine Runde wie vorhin, kommt hier vorbei – wohin wird er fahren?«
»Nach Michelsberg.«
»Gut. Nun denkt euch, heute wären die Weihnachtsferien zu Ende, ihr würdet die Anlage nicht abmontieren, sondern diesen Raum abschließen und sagen: ›Wir lassen alles unverändert stehen bis zum nächsten Winter.‹ Nach einem Jahr kommt ihr herunter, schaltet ein, die Güterlok wacht auf und zieht ihre Wagen wiederum über diese Weiche – wohin?«
»Natürlich wieder nach Michelsberg!«
»Und warum fährt sie jedesmal nach Michelsberg?« frage ich.
»Das ist doch klar! Weil die Weiche so gestellt ist.«
»Richtig. Die Weiche hat sozusagen ein gutes Gedächtnis. Sie kann dem

Zug nach einem Jahr noch sagen, wohin er fahren soll. In der Sprache der Computerleute hieße das: Die Weiche hat eine Fahrtrichtung gespeichert – eben die Richtung, die Dieter ein Jahr vorher festgelegt hat, als er die Weiche stellte.«

»Aber hör mal«, mischt sich Dieter nun ein, »sowas nennt man doch noch nicht Gedächtnis! Das ist ja reine Hochstapelei!«

Das gebe ich Dieter gern zu. Ich mag es nämlich selbst nicht, wenn man für tote, technische Dinge vermenschlichende Bezeichnungen verwendet. Schließlich einigen wir uns darauf, daß die Weiche die Fahrtrichtung »behält«. Mit meinen Computergedanken bin ich aber noch nicht zu Ende:

»In einen Speicher gibt man etwas hinein, und er behält es, er speichert es. Wenn diese Weiche die Fahrtrichtung behält, dann kann man auch sagen, sie speichert die Fahrtrichtung. So heißt es jedenfalls bei den Computern. Natürlich wird in unserem Weichen-Speicher kein Gegenstand gespeichert, sondern eine Information: So nennt man das bei einem Computerspeicher auch. Der Weichenspeicher hat die Information ›nach Michelsberg fahren‹ erhalten. Die hebt er so lange auf, bis . . .«

»Bis wir die Weiche umstellen und ihr die Information ›nach Thomasburg fahren‹ zum Aufbewahren geben, dann speichert sie die?« setzt Dieter meinen Satz fort.

»So ist es«, antworte ich, »und genau wie bei einem Computerspeicher gibt es auch bei diesem Zugfahrtrichtungsspeicher nur die Möglichkeit, eine von zwei Informationen aufzunehmen. Hier sind es die Information ›nach Michelsberg‹ oder die Information ›nach Thomasburg‹ eine dritte Möglichkeit gibt's nicht.«

»Freilich«, meint Dieter, »die Weiche kann ja nur nach links oder nach rechts gestellt werden.«

»Die Informatiker, das sind die Leute, die sich mit den theoretischen Fragen der Computertechnik beschäftigen, würden sagen: ›Die Weiche kann zwei Zustände annehmen‹. Und weil sie in jedem dieser Zustände bleibt, bis wir sie wieder in den anderen bringen, nennt man sie auch einen Schalter. In unserem Fall ist es ein Schalter, mit dem wir nicht die

Zustände, ›Strom fließen lassen‹ und ›Strom nicht fließen lassen‹ schalten wie zum Beispiel bei einem Lichtschalter . . .«

»Sondern wir schalten ›Nach links fahren‹ oder ›Nach rechts fahren‹«, ergänzt Thomas und läßt die kleine Modellbahnweiche ein paarmal von rechts nach links und wieder nach rechts springen.

»Das ist doch wohl nicht das ganze Computergeheimnis«, fragt Dieter ungläubig.

»Nicht das ganze, aber ein sehr wichtiger Teil davon.«

»Wie viele solcher Schalter sind denn in deinem Computer drin?« will Thomas wissen.

»Viele tausend.«

»Warum denn so viele! Versteh' ich nicht«, meint Michael und schubst einen herrenlosen Tankwagen auf dem Rangiergleis hin und her.

»Warum braucht ihr für eure kleine Eisenbahn schon soviel Weichen?« frage ich zurück.

»Na, erlaube mal! Drei Bahnhöfe, zwei Güterbahnhöfe, fünf Abstellgleise, der Lokomotivschuppen, zwei Stichbahnen, Fernstrecken zweigleisig, viele Meter Schienen . . .«, jetzt fühlen die drei sich in ihrer Modelleisenbahnerehre getroffen, »da braucht man doch Mengen von Weichen!«

»Paß mal auf«, Michael geht um die Eisenbahnlandschaft herum wie Gulliver um das Liliputanerland und tippt mit dem Finger nach den Weichen. »Guck mal her, wenn ich zum Beispiel einen Personenzug auf der Talstrecke von Thomasburg nach Dieteringen fahren lasse, muß ich neun Weichen stellen, die er unterwegs passiert.«

»Du kannst also«, erwidere ich, »an neun Stellen der Strecke mit den Weichen bestimmen, ob der Zug rechts oder links weiterfahren soll. Willst du ihn nun richtig nach Dieteringen dirigieren, dann stellst du bestimmte Weichen nach rechts, andere wieder nach links. Weißt du, wie man das bei einem Computer nennt? Ein Programm machen. Unter den vielen Möglichkeiten, die euer Zug zum Herumfahren hat, hast du einen ganz bestimmten Weg festgelegt – programmiert, würde man bei einem Computer sagen. Und«, jetzt bin ich richtig in Begeisterung geraten über die vielen Vergleiche, die sich zwischen der Modelleisenbahn und einem

Computer anstellen lassen, »du kannst nun beliebig viele Züge beliebig oft und zu beliebigen Zeiten über die Talstrecke von Thomasburg nach Dieteringen schicken – immer werden sie richtig fahren. Es würde gar nichts machen, wenn du inzwischen vergäßest, wie man eigentlich dahin kommt, welche Teilstrecken der Zug wählen muß, bei welchen Weichen er wohin abbiegen muß – du hast ja das ganze Fahrprogramm in den Weichen gespeichert!«

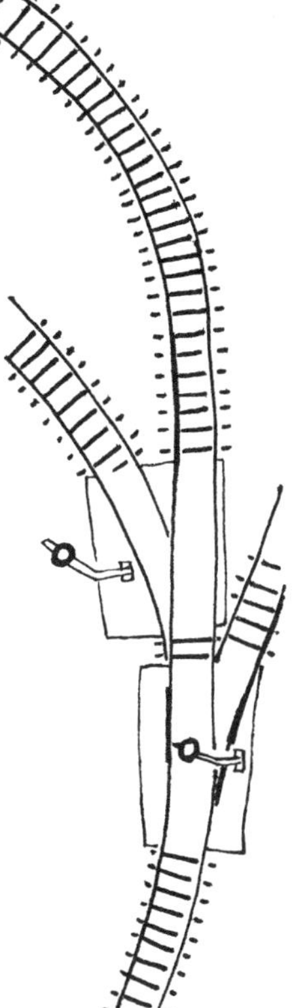

Von Schaltern, die speichern, und einer falschen Tausendundeins

Die kleinen Eisenbahnsignale glühen rot und grün in die Miniaturlandschaft, aus den Bahnhofsfenstern fällt helles Licht über die vereinsamten Gleise, im halbverfallenen Tor der Ruine Thomasburg verbreitet eine Laterne gelblichen Schein. Gäbe es einen richtigen Mond über dieser nächtlichen Spielzeugwelt, er wäre inzwischen schon weit gewandert. Immer noch muß ich erzählen. Meine Freunde wollen wissen, ob es beim Computer auch so ein Stellwerk gibt, mit dem die tausend Schalter gestellt werden, und ich erkläre ihnen, wie durch ein Loch in einem Lochstreifen bestimmt wird, ob im Computer ein Schalter zu stellen ist; wie der Strom beim Abtasten durch das Lochstreifenloch geht und wie dieser Stromimpuls in den Computer geleitet wird zu einem der vielen mikroskopisch kleinen elektronischen Schalter; wie man auf gleiche Weise auch Magnetpunkte auf Magnetbändern oder Magnetplatten aufzeichnen kann; wie man aus diesen Magnetpunkten mit einer kleinen Spule wieder Stromimpulse hervorlockt, die irgendwo andere Schalter stellen können . . .

»Alles sehr interessant«, sagt Dieter schließlich, während ich mir die dritte Pfeife anzünde, »aber du hast uns noch nicht gesagt, wozu der Computer Tausende von Schaltern braucht. Wozu wir die Weichen haben müssen, das wissen wir – aber über die Computerschalter fährt doch keine Eisenbahn nach irgendwohin, wie unsere Züge über unsere Weichen.«

»Hier ist auch der Vergleich zwischen Computer und Eisenbahn zu Ende«, sage ich darauf. »Während die Weiche sagt ›Links‹ oder ›Rechts‹, sagen die beiden Stellungen des elektronischen Schalters im Computer ›Null‹ oder ›Eins‹. Ihr erinnert euch ja: Wie die Weiche hat dieser Schalter zwei Stellungen. Bringe ich ihn in die eine Stellung, dann bedeutet das ›Null‹, bringe ich ihn in die andere Stellung, dann bedeutet das ›Eins‹.«

»Dachte ich mir schon«, nickt Thomas, »was soll der Computer auch anderes speichern als Zahlen!«

»Und die Zwei? die Drei? – oder noch größere Zahlen? Da reicht doch so

ein einfacher Schalter zum Speichern nicht mehr aus«, meint Michael mißtrauisch.
»Ein Computer kennt nur die beiden Ziffern ›Null‹ und ›Eins‹. Deshalb kommt er auch mit solch einfachen Schaltern aus. Ihr wißt vielleicht, daß man Zahlen nicht nur mit den üblichen zehn Ziffern schreiben kann, sondern auch ausschließlich mit Nullen und Einsen. Es werden dann nur ein paar Stellen mehr. Seht her!« Ich nehme ein Stück Papier und schreibe: 1001. »Was heißt das?«
»Tausendundeins«, sagt Thomas.
»Halt! Das stimmt nur im Zehnersystem«, wendet Michael ein, »im Zweiersystem heißt diese Zahl Einsnullnulleins und bedeutet – Moment mal – und bedeutet soviel wie im Zehnersystem eine Neun.«
Wir staunen alle, daß er das so schnell herausbrachte. Erst später gestand er mir, daß sein Lehrer in der letzen Stunde vor den Weihnachtsferien das duale Zahlensystem – es wird auch Zweiersystem genannt – erklärt hatte.
»Natürlich könnte man auch Computer bauen, die die zehn Ziffern des Zehner- oder Dezimalsystems direkt lesen und speichern; aber es hat sich herausgestellt, daß sie viel komplizierter würden als solche, die nur Null und Eins unterscheiden. Ich könnte euch viele Möglichkeiten aufzählen, die ein Techniker hat, um diese beiden Ziffern auszudrücken: Stromstoß – kein Stromstoß, Loch in einem Lochstreifen – kein Loch im Lochstreifen, Magnetband magnetisiert – nicht magnetisiert, positive Stromspannung – negative Spannung . . . Das sind nur einige Beispiele. Falls es euch interessiert: Es gibt ein ganzes logisches System, das auf der Verwendung von nur diesen beiden ›Werten‹ aufbaut. In diesem System heißen die Werte nicht ›Null‹ und ›Eins‹, sondern ›Ja‹ und ›Nein‹ oder – was etwa das gleiche bedeutet – ›Wahr‹ und ›Falsch‹. Die Erfinder dieses Systems haben sich gesagt: Eine Sache kann wahr oder nicht wahr, also falsch, sein. Aber nur eins von den beiden, aber nichts anderes . . .«
Dieter macht ganz müde Augen und meint: »Wahr ist, daß mich das schrecklich interessiert. Wahr ist aber auch, daß es schon lange nach Mitternacht ist. Deshalb halte ich es nicht für falsch, wenn wir die Fortsetzung unserer Unterhaltung auf morgen vertagen.«

Wie Zahlen und Buchstaben für Computer genießbar werden, und warum man plötzlich »L« statt »1« sagt

Computer dienen der Verarbeitung von Daten. Das kann man in jedem Computer-Lehrbuch lesen, und so ähnlich steht es auch weiter vorn in unserem Buch. Dort haben wir auch festgestellt, daß »Daten« eine Sammelbezeichnung für alles ist, was man mit Zahlen und Buchstaben ausdrücken kann. In den Lehrbüchern heißt es etwas genauer: Ziffern, alphabetische Zeichen und besondere Zeichen.

Aus Ziffern lassen sich Zahlen bilden, alphabetische Zeichen – also Buchstaben – können einzeln eine Bedeutung haben, etwa die Buchstaben am Beginn von Autonummern, oder zu Wörtern zusammengesetzt werden. Und die besonderen Zeichen? Das ist der gemeinsame Name für Kommas, Punkte, Klammern und viele andere Zeichen, die eben weder Ziffern noch Buchstaben, sondern »Sonderzeichen« sind. So muß man sie nennen, weil ja auch Ziffern und Buchstaben Zeichen sind. Die Computerleute nennen deshalb die Ziffern auch numerische Zeichen und die Buchstaben alphabetische Zeichen.

Alle diese Zeichen muß ein Computer, wenn er sie »verarbeiten« soll, erst einmal »lesen« können, dann muß er sie sich notieren – »speichern«, wie es in der Computertechnik heißt – und schließlich muß er noch etwas ganz Wichtiges tun: Er muß sie uns wieder mitteilen: auf so einem Bildschirm, wie ihn sich neulich Herr Ypsilon angeschaut hat, oder auf Papier gedruckt. So einen Drucker wird Ypsilon bei seinem Freund Klar sicher bald zu sehen bekommen.

Was es mit dem »Lesen« des Computers auf sich hat, wissen wir bereits. Seine Lesegeräte sind Einrichtungen, die Aufzeichnungen (»Schriften«) von Lochstreifen, Lochkarten, Magnetplatten oder Magnetbändern in elektrische Impulse verwandeln und diese seinen inneren Speichern – den schon so oft erwähnten vielen tausend Schaltern – zuführen. Wir haben schon festgestellt, daß auf diesen Datenträgern nicht mehr Buchstaben oder Ziffern in unserer gewohnten Schrift stehen (ich erinnere daran:

»Datenträger« ist eine gemeinsame Bezeichnung für alles, worauf man Daten aufzeichnen kann, also auch für die hier erwähnten gelochten oder magnetisierten Datenträger). Die Zeichen unserer Schrift wurden bereits in die computerlesbare Schrift »übersetzt«, als die Lochdatenträger gelocht oder die magnetischen Datenträger magnetisiert wurden. Das geschah in Datenerfassungsgeräten, die eine Tastatur wie eine Schreibmaschine haben, aber zum Beispiel für jede Neun, die wir eintasten, in einen Lochstreifen folgende »Lochkombination« stanzen: Loch – kein Loch – kein Loch – Loch. So umständlich würde das natürlich niemand aufschreiben. Das habe ich nur getan, damit es gut zu verstehen ist.

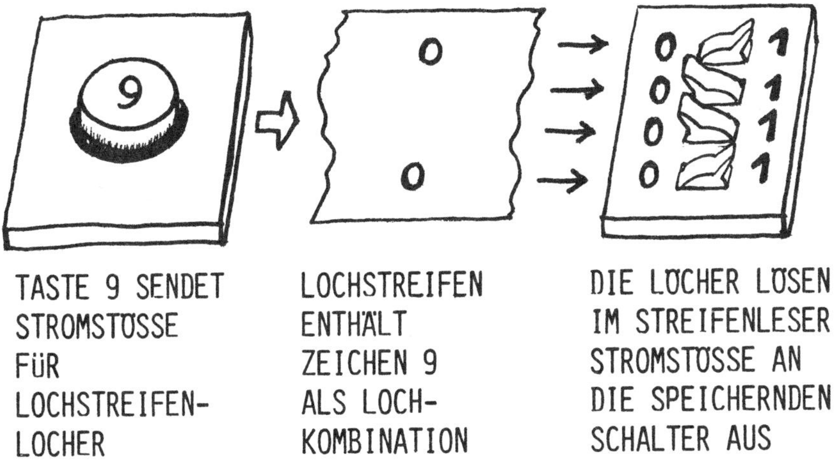

Der Weg einer Ziffer vom Tastendruck über den Lochstreifen in den Computerspeicher.

Wer mit Computern zu tun hat, muß allerdings solche Kombinationen manchmal aufschreiben. Dann schreibt er: L00L. Das erinnert nicht nur an die Dualzahl 1001 – es ist auch diese Zahl. Aber warum dann anstelle der 1 ein L? Sehr einfach: Hätte ich damals „L00L“ auf das Papierstück geschrieben, dann wäre Thomas nie auf die Idee gekommen, es könne die Dezimalzahl Tausendundeins sein. An dem Zeichen »L« erkennen wir, daß wir Binärzeichen vor uns haben.

Wahrscheinlich hätte mancher jetzt anstelle dieses neuen Wortes »Binärzeichen« das schon bekannte Wort »Dualzahl« erwartet. Genau besehen ist es aber so: Die zwei Zeichen, die der Computer versteht, nennt man Binärzeichen, weil »binär« soviel heißt wie »aus zwei Einheiten bestehend«. Wir werden noch sehen, daß solche Binärzeichen für sehr viele Zwecke wichtig sind. Einer dieser Zwecke ist die Darstellung von Dualzahlen.
Das Umwandeln der Zeichen einer Schrift in die Zeichen einer anderen Schrift oder, ganz allgemein gesagt, in eine andere Darstellungsweise nennt man codieren; so auch das Umwandeln von Dezimalziffern in Dualzahlen, die sich aus Binärzeichen zusammensetzten.
Das Codieren wird in diesem Fall vom Datenerfassungsgerät ausgeführt. Dies geht zum Beispiel so vor sich: Ich drücke auf der Datenerfassungstastatur (sie ähnelt einer Schreibmaschinentastatur) das Zeichen, das ich in den Computer bringen möchte, etwa eine Drei. Daraufhin codiert das Gerät dieses Ziffernzeichen in die entsprechende Folge von Binärzeichen. Ist an das Eingabegerät ein Lochstreifenstanzer angeschlossen, so können wir die Binärzeichen sogar anschließend als Lochkombinationen im Lochstreifen sehen. Mit Hilfe eines Lochstreifenabtasters kann die binäre Codierung dann in den Computer gebracht werden.
Erfassungsgeräte, die die Daten auf Magnetbänder oder auf Magnetplatten bringen, bilden auf der magnetisierbaren Schicht dieser Datenträger eine der Lochkombination entsprechende »Magnetpunkt«-Kombination. Es tut mir leid, daß ich wieder von Magnetpunkten sprechen muß, aber es gibt in der Computertechnik, in der es sonst nur so von Fachausdrücken wimmelt, keinen einigermaßen klaren Ausdruck für diesen winzigen magnetischen Kratzer!

Vom Verschlüsseln, von numerierten Buchstaben und vom Ordnungssinn der Computerbauer

Wenn jemand nicht will, daß ein anderer seine Briefe liest, dann verschlüsselt er sie. Spione machen das gern. Sie schreiben anstelle von »A« vielleicht »X«, anstelle von »B« schreiben sie »F« und so fort und würfeln das ganze Alphabet durcheinander, so daß ein schlimmes Kauderwelsch dort steht, wo doch einmal ein Brief mit einem Sinn war. Und trotzdem hat es noch Sinn, das Kauderwelsch; man muß nur wissen, welcher Buchstabe sich hier hinter welchem versteckt. Wem das bekannt ist, dem ist auch der Sinn des Briefes sonnenklar.

Für »Verschlüsseln« sagt man auch »Codieren«. Genauer müßte man sagen »Umcodieren«, denn man überträgt eine Mitteilung von einem Code in einen anderen.

Unsere geschriebenen oder gedruckten Zeichen für Buchstaben, Dezimalziffern, Punkt, Komma usw. sind nämlich auch ein Code. Die arabischen Schriftzeichen und die kyrillischen, die ägyptischen Hieroglyphen ebenso wie die chinesische Schrift – alles sind eigene Codes. Und so hat auch der Computer seinen Code. Wer nicht so gut Bescheid weiß wie wir, könnte meinen, die Computertechniker hätten, ähnlich wie die Spione, diesen Code nur erfunden, damit man ihnen und dem Computer nicht so genau in die Karten gucken kann. Wir wissen es besser: Der Computer kann nicht mehr als zwei verschiedene Zeichen unterscheiden. Man muß ihm also einen Code schaffen, der dieser seiner Unterscheidungsmöglichkeit entspricht; er darf so nicht aus mehr als zwei verschiedenen Zeichen bestehen. Dieser Code aus zwei Zeichen – den zwei Binärzeichen – heißt Binärcode.

Auf den ersten Blick mag es nun so scheinen, als seien mit dieser Beschränkung auf zwei Zeichen auch die Möglichkeiten des Computers sehr eingeschränkt worden. Daß das nicht der Fall sein muß, lehrt uns ein Blick auf unser Alphabet. Es hat nur 26 Buchstaben, aber mit ihnen lassen sich Tausende von Dingen bezeichnen: Einfach dadurch, daß man diese

26 Buchstaben in immer wieder neuer Zusammensetzung, in immer wieder neuen Buchstabenkombinationen, verwendet. Dabei stört es auch nicht, wenn in einem Wort bestimmte Buchstaben mehrmals vorkommen. Ja, sogar aus den gleichen Buchstaben gebildete Wörter haben verschiedene Bedeutung. In dem Wort »Otto« kommen ebenso wie in dem Wort »Toto« das »O« und das »T« zweimal vor. Da sie jedoch in verschiedener Reihenfolge auftreten, haben die Wörter unterschiedlichen Sinn.
Was für die 26 Buchstaben gilt, gilt auch für die zwei Binärzeichen des Computers: Man muß sie nur immer in neuer Reihenfolge zusammenstellen, wenn man mit ihnen etwas anderes ausdrücken will.
Als erstes war im Binärcode das duale Zahlensystem da, denn in der Kinderzeit der Computer wollte man nur die zehn Dezimalziffern mit Binärzeichen darstellen. Es hat ein besonderes Merkmal. Für jede Dezimalzahl läßt sich ausrechnen, wie die entsprechende Dualzahl heißt, und umgekehrt kann man jede Dualzahl in eine Dezimalzahl umwandeln. Wie man das macht, steht in jedem Mathematiklehrbuch, deshalb will ich es hier nicht eigens erklären. Für das Verstehen des Computers ist es auch nicht so wesentlich.
Wichtig ist dagegen, daß wir dem Computer nicht nur Zahlen, sondern auch Buchstaben – ja sogar Wörter und Sätze mit Satzzeichen – mitteilen wollen. Dafür gibt es verschiedene Verfahren. Eine ganz einfache Methode: Buchstaben numerieren.
Zunächst scheint dieser Weg etwas umständlich zu sein, aber er hat den Vorzug guter Übersichtlichkeit. Wenn man dem Computer erst einmal beigebracht hat, bestimmte Kombinationen von Binärzeichen als Zahlen zu verstehen . . . Nein, das ist natürlich ganz falsch, der Computer versteht ja überhaupt nichts; ich muß versuchen, es anders zu sagen. Also: Wenn wir erst einmal festgelegt haben, daß bestimmte Kombinationen von Binärzeichen Dezimalziffern bedeuten sollen, dann kann man darüberhinaus festlegen, daß immer zwei bestimmte Dezimalziffern einen Buchstaben des Alphabets bedeuten. Der Weg von einem Buchstaben zu den Binärzeichen, die wir dann dem Computer eingeben und die dieser in seinen Schaltern speichert, wird dadurch allerdings länger. Aus dem

Buchstaben werden erst zwei Dezimalziffern, aus jeder dieser beiden Dezimalziffern wird dann eine Binärzeichenkombination und erst diese schicken wir dem Computer.
Nun entsteht allerdings ein Problem: Woher soll man wissen, wann mit diesen Binärzeichen Dezimalzahlen gemeint sind und wann sie einen Buchstaben bedeuten? Auf diese wichtige Frage werden wir gleich zurückkommen.
Als die Techniker ihre Computer so weit gebracht hatten, daß sie Dezimalzahlen in Form von Binärzeichen schluckten, haben sie erst einmal mächtig Luft geholt – so wie ich eben auch, nachdem ich das alles in die Schreibmaschine getippt hatte. Doch dann sind ihnen noch eine Menge guter Ideen gekommen. Zunächst haben sie verabredet, daß für die Darstellung einer Dezimalziffer immer vier Binärzeichen verwendet werden sollten. Fachmännischer ausgedrückt: Jede Dezimalziffer sollte mit vier Binärstellen codiert werden. Das war zwar nicht für alle Dezimalziffern erforderlich, denn die dezimale Eins zum Beispiel heißt als Dualzahl auch nur L, wurde aber jetzt im vierstelligen Binärcode „000L" geschrieben. Die Techniker jedoch sagten: »Ordnung muß sein« und gaben die drei eigentlich nutzlosen Nullen davor. Die Dezimalziffern 2 und 3 würden eigentlich nur zwei Binärstellen, die Dezimalziffern 4 bis 7 würden nur drei Binärstellen benötigen. Nur die Dezimalziffern 8 und 9 brauchen zu ihrer Darstellung im Dualsystem vier Binärstellen – deshalb wurden grundsätzlich vier Stellen festgelegt.
So war eine erste Einheitlichkeit geschaffen, an die sich nach und nach die meisten Konstrukteure von Computern hielten. Nun zeigte sich aber, daß in den vier Binärstellen noch unausgenützte Möglichkeiten steckten. In vier Stellen waren sechzehn verschiedene Kombinationen der beiden Binärzeichen möglich. Für die »Codierung« der Dezimalziffern Null bis Neun benötigte man nur zehn dieser Kombinationen.
Auch Computerkonstrukteure verschenken ungern etwas; deshalb haben sie sich inzwischen ausgedacht, wie man die weiteren sechs Kombinationen nutzen kann. So kommt es, daß heute der Binärcode von der ursprünglichen Form etwas abweicht – wie, das ist für uns nicht so wichtig,

aber das »Warum« ist wissenswert: Man hat die Kombinationen der Binärzeichen den Dezimalziffern, Buchstaben und Sonderzeichen so zugeordnet, daß Fehler und Irrtümer in der Codierung leichter erkannt werden können, und das teilweise vom Computer selbst!

So werden die zehn Dezimalziffern binär (dem dualen Zahlensystem entsprechend) dargestellt.

Wörter aus zwei Buchstaben und ein achtstelliger Computercode

Nun wiederholen wir noch einmal die vorhin zurückgestellte Frage: Wie kann man feststellen, ob sich hinter einer Reihe von Binärzeichen Dezimalziffern oder Buchstaben verstecken? Computerkonstrukteure wollen in solchen Dingen sicher gehen und alle Mißverständnisse ausschließen. Auf ihre Computer soll ja Verlaß sein. »Verläßlichkeit kostet zwar etwas, aber wir dürfen hier nicht sparen«, sagten die Konstrukteure und spendierten zu den vier Binärstellen, die sie gerade erst für das Codieren von Dezimalziffern festgelegt hatten, noch einmal vier dazu. Jetzt waren es acht Binärstellen; die teilten sie in vier rechte und vier linke Stellen ein und sagten: Wenn wir in die linken vier Stellen „LLLL“ hineinschreiben, dann bedeuten die Binärzeichen in den rechten vier Stellen daneben immer eine Dezimalziffer. Schreiben wir jedoch in die linken Stellen „LL00“, dann bedeuten die Binärzeichen rechts nicht Ziffern, sondern die Buchstaben A bis I, schreiben wir aber links „LL0L“, dann bedeuten die Kombinationen rechts die Buchstaben J bis R, schreiben wir schließlich links „LLL0“, dann bedeuten die rechten Kombinationen die Buchstaben S bis Z. Damit hatten sie einen Weg gefunden, auf dem sich Buchstaben und Ziffern säuberlich auseinanderhalten lassen. Nun blieben noch Fragezeichen, Bindestrich, Punkt und die vielen anderen Zeichen, die man Sonderzeichen nennt, übrig. Aber es war nicht schwer, auch für diese eine ähnliche Codierung wie für die Buchstaben zu finden.

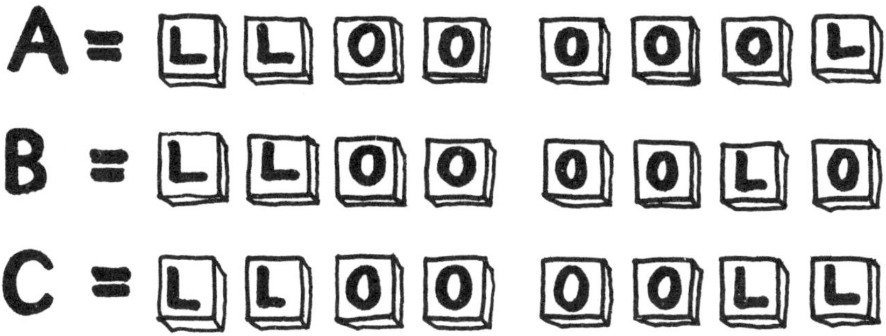

So werden Buchstaben binär codiert in jeweils einem Byte dargestellt.

Im Spaß hat mal jemand zu mir gesagt: »Der Computer versteht nur Wörter aus zwei Buchstaben.« Mit den Buchstaben meinte er die Binärzeichen „0“ und „L“. Da hatte der Mann natürlich recht, aber er wußte sicher nicht, daß schon die ersten Computerbauer eine Folge von Binärzeichen tatsächlich »Wort« genannt haben. Man kann ja wirklich nicht für alle neuen Dinge immer gleich neue Bezeichnungen erfinden. Man sprach dann zum Beispiel von einem »vierstelligen Wort« oder von einem »sechzehnstelligen Wort« und beurteilte die Computer nach der »Wortlänge«, die sie verwendeten. Auch heute gibt es bei Computern noch ganz verschiedene Wortlängen.

Sehr weit verbreitet ist die Wortlänge, über die wir gerade gesprochen haben, nämlich die mit acht Stellen. Da dieses achtstellige Wort bei so vielen Computern üblich geworden ist, hat man ihm einen besonderen Namen gegeben: »Byte«. Und weil wir gerade bei den Fachausdrücken sind, will ich rasch noch hinzufügen, daß man eine einzelne Stelle in einem solchen Computerwort oder Byte auch »Bit« nennt. Ein Byte besteht also aus acht Bits. Ein Bit ist die Stelle oder der Platz, auf den ich genau ein Binärzeichen – entweder „0" oder „L" – schreiben kann. Und um zuguterletzt noch einmal auf die Magnetpunkte der Magnetplatten und -bänder zu kommen: Auf diesen magnetischen Datenträgern ist ein »Bit« sozusagen der »Punkt«, den ich entweder im Sinne von „0" oder im Sinne von „L" magnetisieren kann. Sollten wir das nicht möglichst schnell dem Herrn Ypsilon mitteilen?

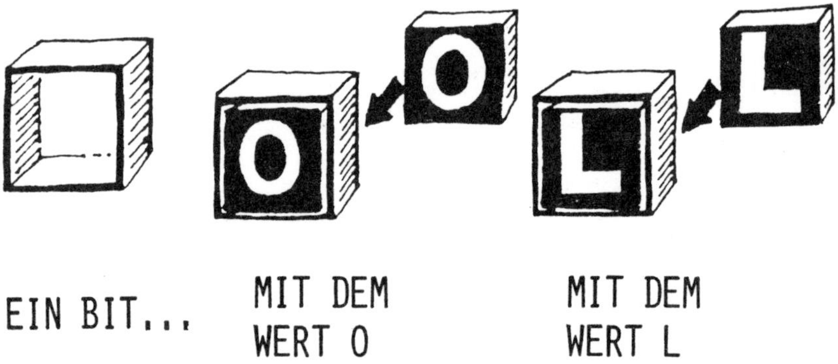

In einem Bit lassen sich der Wert 0 oder der Wert L speichern.

EIN BYTE

EIN BYTE MIT DEM WERT LLOOOOOL

Ein Byte ist eine Reihe von zweimal vier Bits. Es bietet Platz für zwei Dezimalziffern oder einen Buchstaben.

Herr Rippenspeer glaubt immer noch nicht, daß ein Computer für ihn arbeiten kann

Reginald Rippenspeer, Inhaber der Fleischkonservenfabrik Rippenspeer und Speck, hat den Prospekt der Firma Supercomputer in den letzten Wochen immer und immer wieder angesehen, hat mit seinem Buchhalter überlegt, ob so ein Computer seiner Firma etwas nützen könne, und hat nun endlich den Vertreter von Supercomputer angerufen und ihn um eine Unterredung gebeten.

»Wissen Sie«, sagt er zu diesem, »Ihr Prospekt liest sich ja recht verlokkend, aber ich bin ein mißtrauischer Mann, deshalb müssen Sie mir jetzt einmal erklären, wie all das möglich ist, was da behauptet wird: Rechnungen schreiben, Prozentsätze ausrechnen, Frachtkosten ermitteln, Kundenadressen einsetzen, Zahlungen der Kunden überwachen, Schuldner mahnen – wir haben übrigens auch noch fünfundzwanzig Filialen mit ihren Lagerbeständen abzurechnen und für zweihundert Arbeiter Lohnzettel zu schreiben . . .«

Herr Munterfuß, der Mann von der Firma Supercomputer, hält sich etwas

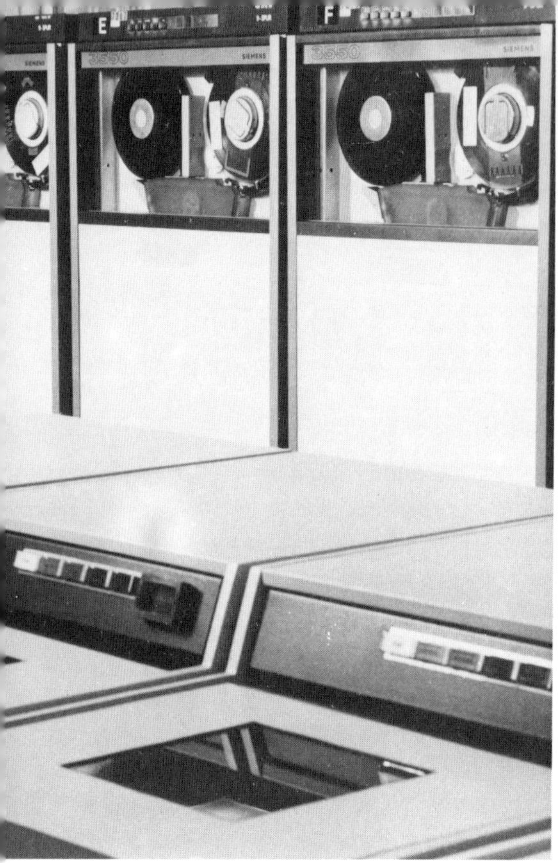

Ohne große Speicher kommt ein Computer in der Regel nicht aus. Auf dem linken Bild sehen wir hinten Magnetbandspeicher. Ihre auswechselbaren Magnetspulen speichern große Datenmengen und halten Programme bereit. Vorn sieht man die niedrigeren Schränke der Magnetplattenspeicher. Ihre Magnetplatten können ebenfalls ausgetauscht werden. Auch Plattenspeicher nehmen große Datenmengen und Programme auf. Im Gegensatz zu den Magnetbandspeichern, die wegen ihrer längeren Zugriffszeiten meist für das Archivieren Verwendung finden, sorgen die Magnetplattenspeicher mit ihren kurzen Zugriffszeiten für den schnellen Nachschub von Daten und Programmen in den Arbeitsspeicher der Zentraleinheit.

Das rechte Bild zeigt einen Ausschnitt aus einem Rechenzentrum. Im Hintergrund sind die Speicher zu erkennen. Vorn steht rechts das Bedienungspult mit Datensichtgerät und Tastatur zum Eingeben von Kommandos und Daten. Unter dem Pult ist bei diesem Computer die Zentraleinheit untergebracht. Links davon der Drucker, der die Arbeitsergebnisse zu Papier bringt.

darauf zugute, daß er seine Kunden sorgfältig und gründlich berät. Das hat ihm schon viele Freunde gebracht.

»Verschaffen wir uns erst einmal einen Überblick«, beginnt er und faltet ein großes Bild auseinander. »Hier sehen Sie, wie eine Datenverarbeitungsanlage für Sie zusammengestellt sein könnte.«

»Zusammengestellt? Machen Sie denn Computer – Verzeihung: Datenverarbeitungsanlagen – nach Maß?«

»Natürlich«, erklärt Munterfuß. »Schließlich hat doch jeder Kunde andere Mengen an Daten zu verarbeiten. So liefern wir größere oder kleinere Speicher, oder auch gleich mehrere. Haben Sie nur wenig zu drucken, dann genügt ein kleiner, langsamer Drucker; gibt es aber viel Druckarbeit – ich meine: viele Rechnungen zu schreiben, große Lagerlisten, Kundenlisten und andere Verzeichnisse zu erstellen, vielleicht auch Angebote an Kunden zu verfassen – dann wird es wohl ein schnellerer, größerer Drucker sein müssen. Schließlich gibt es auch verschieden große Arbeitsspeicher . . .«

»Halt!« ruft Rippenspeer. »Das ist zuviel auf einmal! Schön der Reihe nach. Also, wie ist das mit den Daten und den Speichern. Wozu brauche ich überhaupt Speicher, was muß ich denn speichern?«

Man merkt, er hat schon ein bißchen Feuer gefangen. Technische Dinge interessierten ihn immer, die Maschinen in seiner Konservenfabrik – stets neueste Modelle – sind ein Beweis dafür.

»Speicher brauchen Sie für alle Daten, die Ihr Computer zu seiner Arbeit benötigt. Soll er zum Beispiel Rechnungen schreiben, dann will er die Kundenanschriften wissen; er findet sie im Speicher. Will er in eine Rechnung den Preis für tausend Dosen von Ihrem delikaten Fleischsalat ›Parisienne‹ einsetzen, dann muß er feststellen, was die einzelne Dose kostet; vielleicht will er noch in einer Tabelle nachsehen, ob es bei tausend Dosen dieses Artikels einen Sonderrabatt gibt – wo findet er all diese Angaben? Im Speicher! Alles, lieber Herr Rippenspeer, was an Warenverzeichnissen, Kundenlisten, Preistabellen und so weiter in Ihrer Firma vorhanden ist, muß in den Speicher.«

»Ich verstehe«, sagt Rippenspeer besonders freundlich, denn er fühlt sich

geschmeichelt, weil Herr Munterfuß seinen Fleischsalat »Parisienne« kennt.
»Und woher weiß der Computer, an wen er eine Rechnung schicken soll? Und welche Waren dieser Kunde bestellt hat?« mischt sich jetzt Buchhalter König ein.
»Eben!« nickt Rippenspeer bekräftigend.
»Auch das erfährt er aus dem Speicher.«
»Ist der denn allwissend?« lacht König.
»Beileibe nicht«, erwidert Munterfuß. »Er weiß nur das, was Sie ihm mitteilen, also was Sie in ihn eingeben.«
Hab' ich mir doch gedacht, daß das mit einem Computer umständlich ist, da kann man besser die Rechnungen gleich selbst schreiben; immer diese großsprecherischen Prospekte! denkt Rippenspeer, aber er sagt nichts.
Munterfuß fährt fort: »Nun sehen Sie doch bitte mal das Bild hier an. Das Gerät auf der linken Seite ist ein Magnetplattenspeicher. Auf diesen Plattenspeicher bringen Sie zuerst alle Daten, die Sie auch sonst in Listen oder Karteien verzeichnet haben: also beispielsweise Ihre Preislisten und Ihre Kundenkartei.
Wenn nun morgens mit der Post die Bestellungen kommen, dann setzt sich Ihr Fräulein Liebermann an die Tastatur, die Sie auf dem Gerät in der Mitte sehen, und tippt ein: Kunde Nummer soundso bestellt 300 Kilodosen von Ware Nummer soundso. Das speichert der Computer. Dieses Gerät in der Mitte ist der eigentliche Computer, wir sagen auch Zentraleinheit dazu. Der speichert das also in einem besonderen Speicher, dem Arbeitsspeicher, und erledigt dann in vielen Schritten alle die Dinge, die ihm sein Programm für das Bearbeiten von Bestellungen vorschreibt.
Mit Hilfe der Kundennummer holt er sich von der Magnetplatte den vollständigen Namen des Kunden, seine Anschrift, vielleicht auch seine Bahnstation und schickt diese Daten an den Drucker weiter. Wenn erforderlich, stellt er auch fest, ob bei den Kundendaten auf der Magnetplatte ein besonderer Rabatt vermerkt ist. Mit Hilfe der Warennummer holt er sich auf gleiche Weise die Bezeichnung und den Preis der Ware. Auch diese Angaben schickt er an den Drucker.

Gleichzeitig vermerkt der Computer auf der Platte, dort, wo die Angaben für die bestellte Ware stehen, daß soundsoviel Kilo vom Lager gegangen sind. Schließlich multipliziert er noch die bestellte Menge mit dem Einzelpreis und teilt das Ergebnis – den Gesamtpreis – ebenfalls dem Drucker mit. Der Drucker ist rechts auf dem Bild zu sehen, er druckt alles schön sauber auf ein Rechnungsformular . . .«
»Gut, gut, Herr Munterfuß, aber wie kann man denn das alles speichern?«

Was man alles Speicher nennt – der Privatsekretär des Computers

Vielleicht wird Herr Munterfuß jetzt Herrn Rippenspeer einen Vortrag über Binärzeichen, Bits und kleine Schalter halten. Da wir das alles schon wissen, wollen wir uns ein wenig mit dem beschäftigen, was wir eben hörten. In diesem Buch war schon oft vom Speichern die Rede, aber noch wenig davon, was es zu speichern gibt, warum es gespeichert wird und wie überhaupt das Zusammenspiel zwischen dem Computer und seinen Speichern abläuft. Dazu sollten wir uns einen genaueren Überblick über die Speicher eines Computers verschaffen.
Das Wort »speichern« ist auf den vorausgegangenen Seiten schon so oft vorgekommen, daß wir hier nur ganz kurz zurückdenken wollen: In der Computertechnik bedeutet »speichern« soviel wie »eine Information aufbewahren«. In diesem Sinn ist auch das Notizbuch in meiner Jackentasche ein Speicher, denn ich benütze es ja auch zum Aufheben von Informationen, wenn ich Guidos Telefonnummer hineinschreibe oder den Tag, an dem ich wieder zum Zahnarzt muß.
Zu den Computerspeichern im weiteren Sinn gehören auch Lochkarten und Lochstreifen. Meist aber denkt man nur an magnetische oder elektronische Speicher, wenn von den Speichern eines Computers die Rede ist.
Die magnetischen Speicher kennen wir schon: Magnetplatten und

Magnetbänder. Sie sind gewöhnlich in eigenen Gehäusen untergebracht, von denen Kabel zum Computer – genauer gesagt: zur Zentraleinheit – führen. Es gibt aber noch einen weiteren Speicher, den »Arbeitsspeicher«, der sitzt im Computer selbst drin, in seinem Zentrum, in der Zentraleinheit; dort, wo der Computer die »eigentliche« Datenverarbeitung vornimmt. Der Arbeitsspeicher ist sozusagen der Privatsekretär des Computers, sein Privatspeicher, in dem er die ganz intimen Dinge verzeichnet. Besser gesagt, in dem er sich all das notiert, was er sofort – und das heißt bei einem Computer: in kleinsten Bruchteilen von Sekunden – erreichbar haben muß. Denn auch beim Computer heißt es »Zeit ist Geld«. Er muß sehr schnell und sehr viel arbeiten, damit er sich für seinen Eigentümer rentiert.

Vom schnellen Zugreifen und einem Vorrat für das Nötigste

Was bedeutet bei einem Speicher »schnell«? Ist ein Magnetplattenspeicher schon schnell, weil er seine Platte in wildem Tempo herumwirbelt, so daß den Bits darauf schwindlig wird, oder ein Magnetbandspeicher, weil seine Spulen das Band so hurtig von einer Seite auf die andere wickeln? Das allein nützt noch nichts. Ein Speicher ist ein Ding, in das ich etwas hineintun, darin aufbewahren und irgendwann wieder herausholen kann. Bei Computerspeichern nennt man das Hineintun und Herausholen »Zugreifen« zu einem Speicherplatz, um an diesen Platz etwas zu »schreiben« oder von ihm etwas zu »lesen«. Auf das Tempo dieser Vorgänge kommt es an, also auf die Geschwindigkeit, mit der man »zugreifen und lesen« oder »zugreifen und schreiben« kann.

Zum Inhalt eines Arbeitsspeichers kann man sehr viel schneller zugreifen als zu dem eines Speichers mit magnetisierbaren Schichten. Das ist nur möglich, weil Arbeitsspeicher ganz anders gebaut sind. Später werden wir noch davon sprechen, wie sie funktionieren. Vorerst wollen wir die Frage

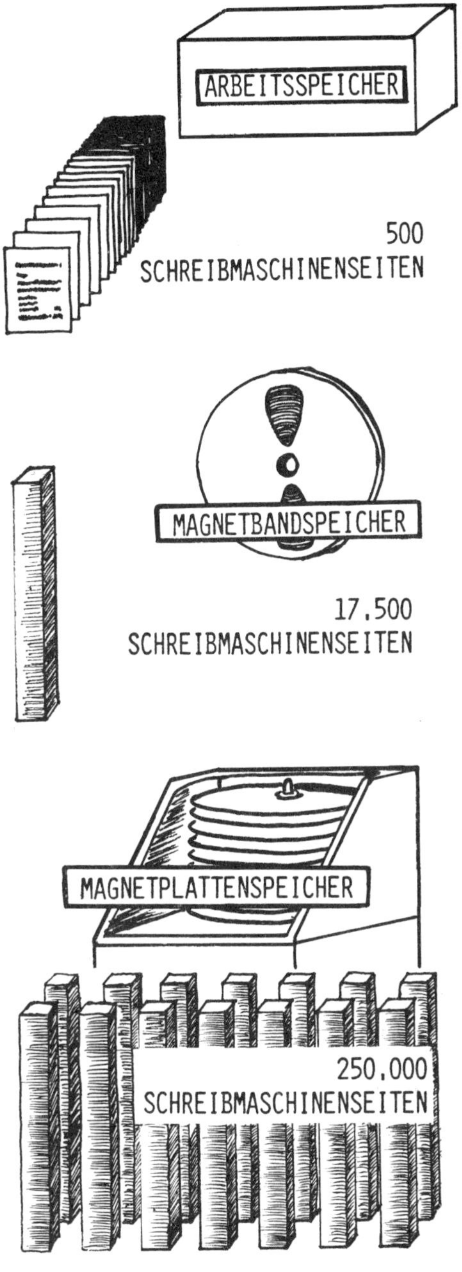

Vergleiche wie dieser zwischen Computerspeichern und Schreibmaschinenseiten sind natürlich sehr ungenau. Es gibt große und kleine Arbeitsspeicher, lange und kurze Magnetbänder, Magnetplattenspeicher mit nur einer Platte oder wie hier mit mehreren auf einer gemeinsamen Achse. Ebenso kann eine Schreibmaschinenseite mehr oder weniger dicht beschrieben sein. Dieses Bild will deshalb nur einen ungefähren Anhalt dafür geben, wieviele Schreibmaschinenseiten man mit den Daten vollschreiben könnte, die in einen Speicher passen.

klären, warum Computer überhaupt verschieden schnelle Speicher benötigen.

Erinnern wir uns dazu noch einmal an das, was ein Computer zum Arbeiten braucht: ein Programm, das ihm sagt, was er tun soll, und Daten, mit denen er macht, was das Programm vorschreibt. Beides muß er in seinen Speichern verfügbar haben. Fast alle Computer haben mehrere Aufgaben, für die sie in bestimmter Reihenfolge oder in bestimmten Zeitabständen arbeiten müssen. Zum Beispiel: vormittags Buchhaltung, nachmittags Rechnungen drucken, jeden dritten Tag Lagerverzeichnisse berichtigen, am Monatsende Gehälter ausrechnen, dazwischen noch Statistiken erstellen, Wirtschaftlichkeitsrechnungen durchführen und vieles mehr.

Für manche Aufgaben sind die Programme nur kurz, aber die Menge der mit ihnen zu verarbeitenden Daten ist groß. Andere Aufgaben erfordern lange, komplizierte Programme, obwohl nicht sehr viele Daten zu verarbeiten sind. Natürlich gibt es auch Aufgaben, die sowohl lange Programme als auch die Verarbeitung großer Mengen von Daten erfordern. Entsprechend unterschiedlich ist der Bedarf an Speicherplatz zum Unterbringen von Programmen und Daten.

Beides, Programme wie Daten, verwahren Magnetschichtspeicher. Die Programme kommen dorthin, sobald die Programmierer sie fertiggestellt haben. Unter Umständen bleiben sie jahrelang auf ihrem Speicher und werden bei Bedarf benützt: täglich oder in größeren Abständen. Die zugehörigen Daten werden an Datenerfassungsplätzen eingetippt, wie wir das bei Fräulein Lockenkopf gesehen haben. Sie gelangen ebenfalls meist in die Magnetschichtspeicher. Manche Daten werden dort lange aufbewahrt und immer wieder benützt, andere werden bald verarbeitet. Wenn Drucker die Verarbeitungsergebnisse auf Papier geschrieben haben, können die Speicher wieder neue Daten aufnehmen.

Von all diesen Programmen und Daten braucht die Zentraleinheit des Computers, die die ganze Programmausführung steuert, mal hier, mal da etwas. Dabei geht es ihr wie Frau Lindemann in ihrer Küche, wenn man einen solchen Vergleich nehmen kann. Sie braucht zum Kochen Salz und

Eier, Nudeln, Kartoffeln und vieles mehr. Am bequemsten wäre es für sie, wenn sie alle diese Dinge um sich herum aufbauen könnte: Ein Griff, und sie hat das Salz, ein weiterer Griff, und sie hat die Spaghetti, ein weiterer Griff, und sie hat die Kartoffeln.

»Protest!« höre ich da Frau Lindemann rufen. »Wer hat denn eine so große Küche, daß die Kartoffelkiste darin Platz findet! Meine Küche ist klein; da bringe ich nur das unter, was nicht viel Raum beansprucht und was ich täglich schnell zur Hand haben muß. Nach Salz und Pfeffer muß ich zwanzigmal am Tag greifen, die müssen ganz nahe bereitstehen. Mehl und Grieß liegen unten im Küchenschrank gerade richtig, denn ich brauche sie alle zwei bis drei Tage. Meine Backformen benütze ich nur am Wochenende, wenn ich meiner Familie einen Kuchen backe, und die große Pfanne für den Gänsebraten benötige ich noch seltener, deshalb verwahre ich diese Dinge in der Vorratskammer auf dem Regal ganz oben.«

»Und die Kartoffeln, Frau Lindemann?«

»Sind unten im Keller.«

»Ist das nicht weit weg? Oder mag Ihre Familie keine Kartoffeln?«

»Doch, fast täglich brauche ich welche, mal für Pellkartoffeln, mal für Püree, mal für Pommes frites; aber ich habe einen kleinen Vorratseimer in der Küche, den ich mir wöchentlich einmal aus der Kiste unten nachfülle.«

Was für Frau Lindemanns Haushalt praktisch ist, kann auch für unsere Computer nicht falsch sein, sagten sich die Speicherbauer. Arbeitsspeicher für ganz schnelle Zugriffe sind sehr teuer, die machen wir gerade so groß, daß die Programme oder Daten hineinpassen, die die Zentraleinheit alle paar Mikro- oder Millisekunden braucht. Für alles übrige aber geben wir ihm die billigeren Magnetschichtspeicher. Bei denen dauert das Zugreifen zwar etwas länger, doch es ist ja auch seltener nötig. Und damit es für die Zentraleinheit noch ein bißchen bequemer wird, räumen wir ihr im Arbeitsspeicher noch eine Ecke ein, wo sie sich immer einen Vorrat von Magnetband- oder Magnetplattendaten hinlegen kann: nämlich die, von denen abzusehen ist, daß sie diese bald brauchen wird.

Wie Frau Lindemann aus dem Kartoffelkeller ihren Eimer für die Woche füllt, so sorgt auch die Zentraleinheit vor, indem sie rechtzeitig von Band und Platte Daten in den Arbeitsspeicher holt, wo sie für ihre Aufgaben griffbereit zur Verfügung stehen.
Könnten wir in den Arbeitsspeicher eines Computers hineinsehen, dann würden wir feststellen, daß darin ein Dauergast logiert: ein Programm, das dem Computer die ganze Arbeit – auch die mit anderen Programmen – organisiert und deshalb »Organisationsprogramm« heißt. Dieses Organisationsprogramm ist so unentbehrlich, daß es die Zentraleinheit immer bei der Hand – also im Arbeitsspeicher – haben muß.

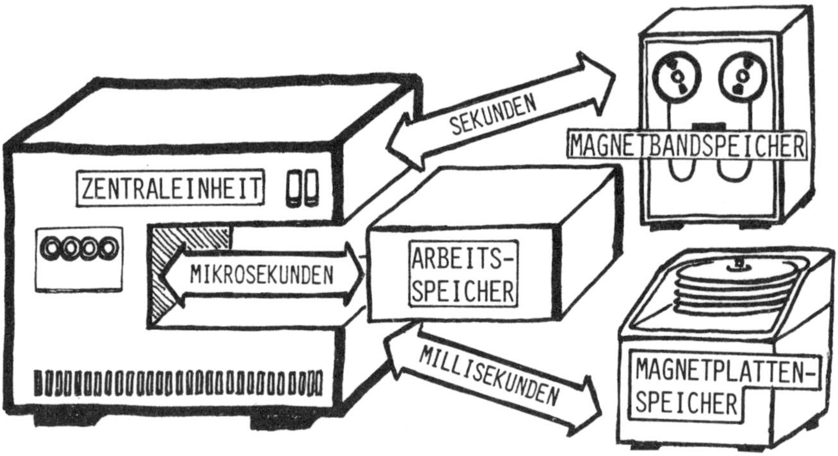

Im Computer gibt es »schnelle« und »langsame« Speicher.

Daneben finden wir im Arbeitsspeicher, als in der Regel längeren Mieter, das *»Arbeitsprogramm«*, das die Zentraleinheit für ihre Aufgabe zur Zeit benötigt, eines von den vielen, die auf dem Magnetschichtspeicher aufbewahrt werden. Wenn die Zentraleinheit nach einem Programm tätig sein soll, muß sie es für diese Zeit im Arbeitsspeicher verfügbar haben. Ist das Arbeitsprogramm sehr lang, dann wird vielleicht nur der jeweils erforderliche Teil in den Arbeitsspeicher gebracht.

Dann finden wir im Arbeitsspeicher Daten, die die Zentraleinheit mit Hilfe des Programms verarbeiten soll. Sie werden je nach Bedarf in größeren oder kleineren Portionen in den Arbeitsspeicher geschafft, damit die Zentraleinheit sie dort schnell erreicht.
Vielfach müssen Programme und Daten nach Gebrauch wieder in die Magnetschichtspeicher zurückgebracht werden. Schade, daß man dieses Kommen und Gehen zwischen den Speichern eines Computers nicht beobachten kann!
Weiter hinten im Buch werde ich trotzdem versuchen, es ein wenig sichtbar zu machen. Doch vorher wollen wir noch dabeisein, wenn sich Herr Ypsilon die Befehle erklären läßt, aus denen die Programmierer ihre Programme zusammenfügen.

Was befiehlt man dem Computer?

Die ersten Besuche des Herrn Ypsilon im Rechenzentrum seines Freundes Klar liegen nun schon eine ganze Zeit zurück. Er entsinnt sich noch genau, wie er damals ein Stückchen Lochstreifen durch seine Finger gleiten ließ, die sauber gestanzten Löcher betrachtete und dachte: »Also durch jedes Loch schließt sich ein Kontakt . . . der geschlossene Kontakt läßt einen Strom fließen . . . ganz kurz nur . . . ein Stromstoß entsteht . . . der legt im Computer einen der tausend Speicherschalter um. Das Loch bedeutet zum Beispiel eine binäre Eins . . . der Strom meldet sie an den Speicher weiter . . .«
Später hatte er erfahren, daß die ganze »Computersprache« nur aus solchen binären Einsen und Nullen besteht. Es kommt nur auf die richtige Kombination dieser beiden Binärziffern an. Jede Kombination bedeutet etwas anderes. Daten werden auf diese Weise gespeichert. Und *Befehle* ebenfalls; die Befehle, denen der Computer gehorcht.
»Was befiehlt man denn eigentlich dem Computer?« fragt er heute Herrn Klar.

»Es gibt viel zu befehlen«, sagt Klar. »Je vielseitiger der Computer, desto vielfältiger sind die Befehle, die seine Zentraleinheit versteht. Da gibt es zum Beispiel Befehle, mit denen man Daten im Speicher des Computers von einer Stelle an eine andere bringen lassen kann. Es gibt auch Befehle, die heißen ›Addiere‹, ›Multipliziere‹, ›Dividiere‹ – also Befehle zum Rechnen mit Zahlen.«

»Und wo nimmt die Zentraleinheit die Zahlen für eine Addition her? Man muß doch befehlen ›Addiere drei zu fünf‹.«

»Sie haben recht. In einem Additionsbefehl heißt es deshalb nicht nur ›Addiere‹, sondern:

> ‚ADDIERE DEN INHALT DER SPEICHERZELLE SOUNDSO ZU INHALT DER SPEICHERZELLE SOUNDSO'.«

»Warum nicht einfach ›Addiere Zahl soundso zu Zahl soundso‹, zum Beispiel drei zu fünf?«

»Weil es nicht immer drei und fünf sind. In den Speicherzellen können je nach Aufgabe die verschiedensten Zahlen stehen – jedesmal, wenn das Programm durchlaufen wird, andere Zahlen . . .«

Ypsilon ist begeistert: »Jetzt verstehe ich endlich, was das Besondere an so einem Programm ist! Ich kann mit den Befehlen die kompliziertesten Rechenformeln festlegen. Nach diesen Formeln macht mir der Computer meine Berechnungen mit allen Zahlen, die ich ihm nenne, genau gesagt: mit den Zahlen, die ich ihm in seine Speicherzellen schreibe. In die Speicherzellen, die ich im Befehl angegeben habe. Und die Zahlen in den Speicherzellen kann ich immer wieder ändern, ohne daß ich das Programm ändere.«

»Genauso ist es. Manche Befehle enthalten außerdem noch eine Anweisung, die besagt, daß das Ergebnis in eine dritte Speicherzelle geschrieben werden soll:

> ‚MULTIPLIZIERE INHALT VON SPEICHERZELLE 512 MIT INHALT VON SPEICHERZELLE 513 UND SCHREIBE ERGEBNIS IN DIE SPEICHERZELLE 600'«.

»Bestimmt dann der nächste Befehl, was mit diesem Ergebnis geschehen soll? Was könnte zum Beispiel damit geschehen, Herr Klar?«
»Das Ergebnis könnte von einem Drucker gedruckt werden. Auch dafür haben wir Befehle. Es könnte aber ebenso auf dem Bildschirm einer Datensichtstation erscheinen. Befehle zum Ausgeben von Daten auf einen Bildschirm enthalten auch Angaben, die den genauen Platz bestimmen, an dem das Ergebnis auf dem Schirm aufleuchten soll. Zum Beispiel:

‚GIB INHALT VON SPEICHERZELLE 255 AUF BILDSCHIRM IN ZEILE 5, SPALTE 6'.

Solche Befehle heißen »Ausgabebefehle«. Ihnen stehen die »Eingabebefehle« gegenüber. So ein Eingabebefehl kann etwa lauten:

‚NIMM DIE NÄCHSTEN AUF DER TASTATUR EINGETIPPTEN ZEICHEN IN EMPFANG UND SCHREIBE IN SPEICHERZELLE SOUNDSO'«.

Ypsilon wiederholt, was er von früher weiß: »Wenn man Tasten für Buchstaben oder Ziffern drückt, sendet die Tastatur jedesmal binäre Nullen und Einsen ab – für jedes Zeichen in bestimmter Reihenfolge.«

Große und kleine Sprünge – vorwärts und rückwärts

Unterdessen fährt Klar fort: »Interessant sind auch Befehle, mit denen man die Zentraleinheit Daten vergleichen lassen kann: Daten aus einer Speicherzelle mit Daten aus einer anderen Speicherzelle.«
»Wenn die Zentraleinheit verglichen hat, was macht sie dann?«
»Das hängt von der Art des ›Vergleichsbefehls‹ ab. Häufig findet man Vergleichsbefehle, die so lauten:

‚VERGLEICHE INHALT DER SPEICHERZELLE 345 MIT INHALT DER SPEICHERZELLE 543. WENN IN BEIDEN GLEICHE DATEN ENTHALTEN SIND, DANN FÜHRE DEN NÄCHSTFOLGENDEN

BEFEHL AUS. WENN DATEN UNGLEICH SIND, DANN ÜBERSPRINGE DIE NÄCHSTEN NEUN BEFEHLE UND FÜHRE DEN ZEHNTEN AUS‘«.

»Warum soll sie neun Befehle überspringen?«

»In diesen neun Befehlen steht, was die Zentraleinheit tun soll, wenn die Speicherinhalte gleich sind.«

»Der Computer macht also mal da und mal dort im Programm weiter, je nachdem . . .?«

»So ist es, Herr Ypsilon. Der Computer entscheidet je nach Vergleichsergebnis selbst über den Fortgang des Programmes, also darüber, ob er als nächste diese oder jene Befehle ausführt.«

»Der Computer kann entscheiden? Wie ein Mensch?«

»Um Himmels Willen, nein!« lacht Klar. »Man sagt nur so. In Wirklichkeit schreibt der Programmierer in dem Vergleichsbefehl genau vor, was der Computer in Abhängigkeit vom Vergleichsergebnis zu tun hat und wann Befehle zu überspringen sind.«

»Wie geht das: Befehle überspringen?«

»Jeder Befehl hat eine ›Adresse‹. Das ist die Nummer der Speicherzelle, in der er sich befindet. Wenn die Zentraleinheit einen Befehl ausführt, vermerkt sie dessen Adresse in einer ›Befehlszähler‹ genannten Einrichtung. Ist sie mit diesem Befehl fertig, dann zählt sie zu der vermerkten Adresse eine Eins dazu und hat damit die Adresse der Speicherzelle, aus der sie den nächsten Befehl liest und ausführt. So führt sie Befehl nach Befehl in der Reihenfolge der Speicherzellen aus, in denen sie gespeichert sind.

Kommt jetzt ein ›Sprungbefehl‹, also ein Befehl, in dem es zum Beispiel heißt ›Springe zehn weiter‹, dann zählt die Zentraleinheit zur Adresse dieses Befehls einfach zehn dazu und weiß nun, wo sie den nächsten Befehl findet, den sie ausführen soll.«

»Kann die Zentraleinheit auf diese Weise beliebig viele Befehle überspringen?«

»So viele, wie der Programmierer ihr vorschreibt. Das Springen ist sehr nützlich. Die meisten Programme sind so gebaut, daß für unterschiedliche

Datenarten auch unterschiedliche Programmteile zuständig sind. Wenn wir zum Beispiel an unsere Kunden Waren liefern und von unserem Computer die Rechnungen dazu erstellen lassen, dann muß der Computer verschiedene Kundenarten unterscheiden. Manche Kunden bekommen die Ware kostenlos per Lastwagen, andere per Bahnexpreß, wieder andere per Nachnahme mit der Post. Das bedeutet für jede Gruppe eine andere Art der Versandkostenberechnung. Entsprechend muß die Zentraleinheit einen anderen Teil unseres Programmes zum Erstellen von Rechnungen durchlaufen. Dahin führt sie ein Sprungbefehl.«
»Ich hatte mir ein Programm immer als etwas Starres vorgestellt – streng Befehl nach Befehl.«
»Die ersten Programmsteuerungen ließen auch noch keine Sprünge zu. Da waren die Befehle noch nicht adressierbar wie heute. Man konnte auch noch nicht Programmteile wiederholen.«
»Wiederholen? Dann müssen ja Sprünge rückwärts möglich sein!«
»Sie sind auch möglich. In diesem Fall subtrahiert die Zentraleinheit die Anzahl der zu überspringenden Befehle von der Adresse des gerade ausgeführten Befehls. Es gibt aber auch Sprungbefehle, die die Adresse des Sprungziels gleich selbst enthalten. Bei ihnen muß die Zentraleinheit nicht mehr rechnen. Sie holt sich den nächsten Befehl einfach aus der Speicherzelle mit der in dem Sprungbefehl angegebenen Adresse.«

Hunderttausendmal »Der Nächste bitte!«

Herr Ypsilon macht jetzt ein verschmitztes Gesicht und sagt: »Der weiteste Sprung in einem Programm wäre demnach möglich, wenn der erste Befehl gleich ein Sprungbefehl ist, in dem die Adresse vom allerletzten Befehl steht – aber das hat natürlich keinen Sinn!«
»Doch, umgekehrt bekommt es Sinn, Herr Ypsilon. Denken Sie nur an den einfachen Fall, daß ein Programm viele Male mit immer neu eingegebenen Daten wiederholt werden soll.«

»Zum Beispiel, wenn die gleiche Berechnung mit neuen Zahlen durchzuführen ist?«
»Ja. Dann steht vielleicht als vorletzter Befehl ein Druckbefehl im Programm, durch den das Ergebnis mit dem Drucker auf Papier festgehalten wird. Danach folgt als letzter ein Sprungbefehl an den Programmanfang und die ganze Berechnung beginnt von vorn.«
»Aber mit neuen Zahlen.«
»Natürlich mit neuen Zahlen. Deshalb finden wir zu Beginn unseres Programmes wahrscheinlich einen Befehl, der für diese neuen Zahlen sorgt. Es können anstelle von Zahlen auch andere Daten sein. Die neuen Zahlen oder Daten kommen entweder von einem Magnetschichtspeicher oder sie werden von der Tastatur entgegengenommen. Wie so ein Eingabebefehl für die Tastatur lautet, habe ich Ihnen ja schon gesagt.«
»Wie oft muß die Zentraleinheit solch ein Programm wiederholen?«
»Das ist sehr unterschiedlich. Wenn ein Computer im Finanzamt einer Großstadt die Steuern der Einwohner berechnet, muß er das Steuerprogramm je Einwohner einmal mit dessen persönlichen Daten durchlaufen: also mit seinem Einkommen, seinen Ausgaben und vielen anderen Angaben, die bei der Steuerberechnung zu berücksichtigen sind. Das bedeutet bei hunterttausend Steuerzahlern hunderttausend Wiederholungen.«
»Hunderttausendmal ›Der Nächste bitte‹«, lacht Ypsilon. »Wieviele Befehle enthält denn solch ein Programm?«
»Einige tausend sind es sicher. Diese Menge ist ganz normal. Aber bedenken Sie dabei, daß nicht für jeden Berechnungsfall alle Befehle zum Zuge kommen. Denken Sie an die Sprünge. Die Gesamtzahl der Befehle in einem Programm ist stets größer als die Anzahl der im Einzelfall tatsächlich ausgeführten.«

In einem Programm kann vorgesehen sein, daß der Computer bestimmte Informationen vom Bediener »erfragt«.

Frage und Antwort auf dem Bildschirm – Dienstboten unter den Programmen

In diesem Moment kommt ins Rechenzentrum ein Mann mit einem runden, flachen Behälter, der Ypsilon an eine Tortenschachtel erinnert. Der Mann geht zunächst zu dem Computer, neben dem Klar und Ypsilon stehen. Er drückt einige Tasten. Auf einem Bildschirm liest Ypsilon:

PROGRAMM BEENDET

Dann geht der Mann hinüber zum Plattenspeicher und wechselt dort die Magnetplatte gegen eine neue aus, die er im Behälter mitgebracht hat. Schließlich setzt er sich am Computer vor die Tastatur und beginnt zu tippen. Was er tippt, kann Ypsilon auf dem Bildschirm sehen, aber diese Zahlen und Buchstaben sind ihm unverständlich.

»Was tut er?« fragt Ypsilon.

»Herr Kilian will ein neues Programm laufen lassen. Es ist auf der Magnetplatte enthalten, die er eben in den Plattenspeicher eingelegt hat. Nun tippt er auf der Tastatur Anweisungen für die Zentraleinheit. Sie soll das Programm vom Magnetplattenspeicher in den Arbeitsspeicher bringen. Weil an diesen Computer hier zwei Plattenspeicher angeschlossen sind, muß er der Zentraleinheit sagen, welchen von beiden er meint. Er gibt die Nummer des Plattenspeichers an, die die Platte mit dem Programm enthält.«

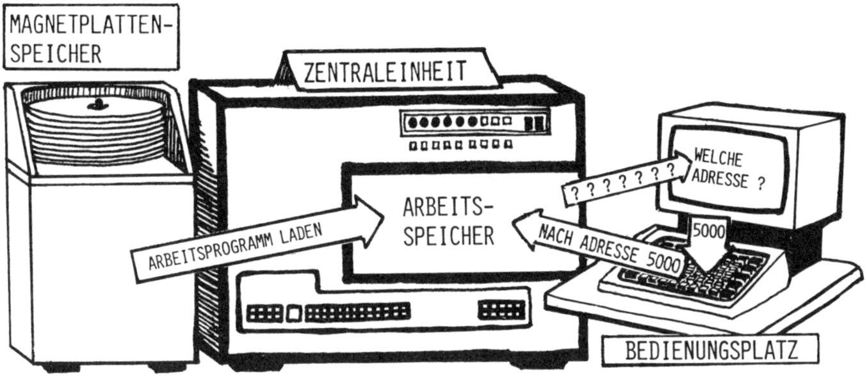

Herr Kilian hat mitgehört und deutet auf den Bildschirm, wo Ypsilon lesen kann:

PL SP 2

»Aha, Plattenspeicher zwei.« Jetzt versteht Ypsilon die Zeichen.

Auf einmal schiebt sich unter diese Angabe eine weitere:

ANFANGSADRESSE?

»Das hat er doch gar nicht eingetippt«, stellt Ypsilon fest.

»Nein. Die Zentraleinheit hat von sich aus gefragt. Immer wenn hinter einem Text auf dem Bildschirm ein Fragezeichen steht, handelt es sich um eine Frage der Zentraleinheit. Genauer gesagt: Die Zentraleinheit bedient sich hier eines besonderen Programmes, das für solche Fälle im Arbeitsspeicher bereitsteht. Es heißt Ladeprogramm und hat die Aufgabe, andere Programme – nämlich die eigentlichen Arbeitsprogramme – nach Wunsch von den Magnetschichtspeichern in den Arbeitsspeicher zu bringen. Dazu braucht das Ladeprogramm einige Angaben, die es von dem, der am Computer sitzt, selbst erfragt. Im Moment will das Ladeprogramm wissen, von welcher Speicherzelle ausgehend es das Arbeitsprogramm in den Arbeitsspeicher schreiben soll. Das steckt hinter der Frage nach der Anfangsadresse.«

Da liest Ypsilon auch schon die von Kilian getippte Antwort:

ASP 5000

Einen Augenblick später schickt das Ladeprogramm die Mitteilung auf den Bildschirm:

ARBEITSPROGRAMM 12 STARTBEREIT
STARTEN? JA/NEIN?

Kilian tippt in die Tastatur:

JA

Und auf dem Bildschirm ist nun zu lesen:

ARBEITSPROGRAMM 12 LÄUFT

Aber schon nach einigen Sekunden steht da eine neue Meldung:

DRUCKER UNKLAR

Herr Kilian springt zum Drucker. »Da muß Papier nachgelegt werden«, ruft er den beiden zu.

Heute hat Ypsilon wieder einmal seinen Fragetag. Ein Glück, daß Herr Klar Zeit genug hat, um dem wißbegierigen Freund Rede und Antwort zu stehen. Ypsilon erfährt, daß ein Computer eine ganze Reihe von Programmen braucht, die ihm wie Dienstboten bei der Erfüllung seiner Aufgaben helfen. Sie heißen deshalb auch Dienstprogramme. Das Ladeprogramm, das er eben beobachtete, ist eines von ihnen. Andere Dienstprogramme helfen beim Datentransport im Computer und sortieren die Daten auf Wunsch nach Nummern oder nach dem Alphabet; ja, sogar beim Suchen bestimmter Daten in einem Speicher können Dienstprogramme behilflich sein.
»Dienstprogramme sind für den Computer so unentbehrlich wie der Anlasser für ein Auto«, sagt Klar.
»Kann man mit jedem Programm so eine Bildschirmunterhaltung führen wie mit dem Ladeprogramm?«
Es war nicht verwunderlich, daß Ypsilon jetzt auf diese Frage zurückkam. Hatte er doch zum ersten Mal beobachten können, wie eines dieser im Unsichtbaren wirkenden Programme gewissermaßen an die Oberfläche, nämlich auf den Bildschirm, kam.
»Wenn der Programmierer eine solche Unterhaltung für nützlich hält, dann sieht er sie in seinem Programm vor. Es gibt jedoch auch Programme, die so selbständig sind, daß sie keine Informationen mehr brauchen und deshalb auch keine Fragen stellen müssen. Allerdings kann auch das selbständigste Programm einmal irgendwo steckenbleiben, und dann sollte es sich schnellstens melden können.«
»Steckenbleiben?«
»Zum Beispiel, wenn es Daten an den Drucker schicken soll und der Drucker geht nicht. Wir haben das ja eben erlebt. Da darf ein Programm nicht einfach weiterlaufen. Aber wenn es warten würde, bis jemand merkt, daß dem Drucker Papier fehlt, könnte viel wertvolle Zeit vergehen. Also hat der Programmierer für diesen Fall eine Meldung an den Bildschirm programmiert.«

Ein nächtliches Phantasiestück gibt den Blick auf Unsichtbares frei

Leider kann man über Computer keine Märchen erzählen. Schon deshalb nicht, weil ein Märchen beginnen muß: Es war einmal. Und dafür sind Computer noch lange nicht alt genug. Wüßte ich jetzt wenigstens jemanden, der uns auf gute Märchenart gleichsam mit Aladins Wunderlampe einmal in einen Computer hineinleuchtete und uns das Geschehen darin sehen ließe, wie es für einen Menschen mit natürlichen Mitteln nie möglich sein wird.

Nun, so denke ich mir einfach, ich hätte eines Abends das Nachhausegehen aus dem Rechenzentrum verpaßt, sei auf dem bequemen Drehstuhl eingeschlafen und nach unruhigen Träumen von einem Kichern geweckt worden. Die Nacht war mondlos. Über den Bildschirm der Datensichtstation huschten ab und zu Zeichen – unverständlich und rätselhaft. Der Magnetplattenspeicher rauschte ruhig vor sich hin. Erkennen konnte ich ihn nicht, so dichtes Dunkel herrschte . . .

Auf einmal gewahre ich einen kleinen, eisgrauen Mann. Auf dem Bedientisch des Computers sitzt er, neben der Tastatur. Obwohl keine Lampe brennt, ist er merkwürdig gut erkennbar. »Willst du mal hineinsehen in dieses komische Menschenwerk?« fragt er mich.

Als ich in der ersten Überraschung nichts zu antworten weiß, fährt er fort: »Du bist mir vielleicht einer! Seit langem redest und schreibst du über Sachen, die dein Auge nie erblickt hat. Wie wär's denn, wenn du sie mal wirklich siehst, he?«

»Entschuldigen Sie«, sage ich. »Soll das ein Vorwurf sein? Schließlich gibt es überhaupt keinen Menschen, der jemals die Daten in den Drähten wandern oder in den Speichern warten sah.«

»Ist schon gut. Was kannst du auch dafür, daß eure Ingenieure mit unsichtbaren Sachen wie Strom und Magnetismus basteln. Na, was meinst du – soll ich dich mal sehen lassen, was da innen geschieht?«

Ich muß gestehen: In diesem Moment werde ich so neugierig, daß ich gar nicht erst frage, wer er sei und wie er das machen wolle. Ich sage einfach:

»Das würde ich wirklich sehr gern einmal sehen!«
Da schiebt der kleine Mann sein zerknittertes Hütchen etwas nach hinten, greift nach einer silbernen Dose in seiner Tasche und sagt:
»Hast du ein Feuerzeug? Dann zünde es mal an.« Gehorsam knipse ich das Gasflämmchen an. Er schüttet sich aus der Silberdose ein bißchen Pulver auf die Hand und husch . . . hat er es in die Flamme gepustet. Es verbrennt in grünleuchtenden Wolken, die nach kurzer Zeit alles einhüllen und – phantastisch! – mit ihrem milchigen Licht alle Geräte durchsichtig machen. Gleichzeitig breitet sich ein scharfwürziger Duft um uns.
Ganz deutlich sehe ich ein emsiges Hin- und Herwandern zwischen dem Arbeitsspeicher in der Zentraleinheit und dem Plattenspeicher. Da fließen Datenströme von den Platten in den Arbeitsspeicher, lange Ketten von Befehlen folgen, angeführt von kleinen Gruppen von Daten, die auf Transparenten verkünden: »Hier kommt das Sortierprogramm« oder »Hier kommen die Namen sämtlicher Leute, die ihre Rechnung nicht rechtzeitig bezahlt haben«.
Die Zentraleinheit liest aus einem kleinen Programm im Arbeitsspeicher ab, welche Aufgaben sie ausführen muß. Ich sehe, wie sie dann Boten mit Adressen zum unentwegt rotierenden Magnetplattenspeicher schickt, wie diese Boten sich vom Schreib- und Lese-Spulensystem des Plattenspeicher-Magnetkopfes alle Datenadressen vorlesen lassen, die sich auf der Platte vorbeidrehen, wie sie diese Adressen mit denen vergleichen, die ihnen die Zentraleinheit mitgegeben hat, wie sie plötzlich – sie müssen die gesuchten Adressen entdeckt haben – eine Art Schleuse aufmachen, so daß ein ganzer langer Zug von Daten von der Platte über den Magnetkopf in die Leitung eilen kann, die zum Arbeitsspeicher führt, wie die Daten aber nicht etwa regellos in den Arbeitsspeicher hineinpurzeln, sondern dort in einer strengen Ordnung aufgestellt werden . . .
Schon eilen die Boten wieder los. Jetzt holen sie ein Programm von der Magnetplatte; auch das wird akkurat in den Arbeitsspeicher geräumt. Dann melden sich die Boten in der Kommandozentrale der Zentraleinheit zurück und sagen: »Daten- und Programmtransfer ausgeführt. Daten stehen von Adresse 1040 bis 8200, Programm ist auf 8201 bis 8955 gelegt.«

Jetzt sehe ich, wie die Zentraleinheit beginnt, das Programm zu lesen, dabei hier und da in den Daten ein Wort ändert, eine Zahl austauscht; wie sie dann die Daten Stück für Stück oder Adresse für Adresse, nacheinander durchsucht. Warum? Sucht sie etwas? Richtig, da wird plötzlich eine ganze Reihe Buchstaben abgeführt, in einen anderen Teil des Speichers bugsiert, als wäre dort eine Arrestzelle. Wer weiß, vielleicht sind diese Buchstaben der Name eines Kunden, der auch auf die dritte Mahnung nicht reagiert hat?

Das vom Plattenspeicher geholte Programm hat seine Schuldigkeit getan. Es wird auf die Platte zurückgeschickt. Vorher hängt ihm die Kommandozentrale aber noch ein kleines Päckchen mit Daten an, aus denen hervorgeht, daß das Programm soeben zum hundertfünfundzwanzigsten Mal im Arbeitsspeicher seine Aufgabe fehlerlos erfüllte. So genau geht es hier zu.

Ein neues Programm nimmt seinen Weg zum Arbeitsspeicher. Aber wo soll das hin? Ein paar freie Stellen sind vorhanden, aber keine groß genug, um den Neuankömmling aufzunehmen. Ich bin gespannt. Doch das Problem ist schnell gelöst. Die Kommandozentrale hat in einer Arbeitsspeicherecke eine Liste angelegt, in der sie genau vermerkt, welche Plätze noch zu haben und welche schon vergeben sind. Schnell kommt die Anweisung, das heranrückende Programm zu zerlegen und an zwei getrennten Stellen unterzubringen.

Ich erkenne, daß im Programm auf seine ganze Länge verteilt so eine Art Bruchstellen eingebaut sind. Die Programmierer haben vorgesorgt. Da man ein Programm nicht an beliebiger Stelle teilen darf, haben sie die Punkte gekennzeichnet, an denen es ohne Schaden möglich ist.

Was ist jetzt los? Von irgendwo weither sind auf einer Datenübertragungsleitung von einem anderen Computer Signale eingetroffen. Gleich will dieser Computer Daten senden, die ganz dringend bearbeitet und wieder zurückgeschickt werden müssen. Dafür sind Programme nötig, die nur unser Computer hat. Jetzt ist Eile geboten. Im Arbeitsspeicher ist kein Plätzchen mehr frei. Da bleibt nichts übrig, als das gerade begonnene Arbeitsprogramm vorübergehend wieder zurück auf die Magnetplatte zu verlegen. Aber es läuft schon. Eben ist Befehl 587 an der Reihe. Man

kann ein Programm nicht bei einem beliebigen Befehl unterbrechen, denn wenn es wieder dran kommt, heißt die erste Frage: »Wo waren wir stehengeblieben? Welche Zwischenergebnisse liegen vor?«
Auch dafür haben die Programmierer vorgesorgt. Sie haben das Programm so gebaut, daß es alle paar hundert Befehle schnell alles aufschreibt, was man für einen solchen Unterbrechungsfall aufbewahren muß. Gerade sehe ich noch, wie das Programm in Richtung Magnetplatte abgeschickt wird, mitten in der Arbeit, unterbrochen, aber mit einem ganzen Bündel von Daten versehen, die ihm den Start erleichtern, wenn es in einigen Sekunden oder wann auch immer seine Arbeit fortsetzen soll . . .

Ich rieb mir die Augen: Hatte ich das alles nur geträumt? Hatte ich wirklich dem Computer in sein Innerstes geguckt? Undenkbar! Ebenso undenkbar aber auch, daß ich in der Lage gewesen wäre, mit meinen Augen diese bis zur Lichtgeschwindigkeit schnellen Vorgänge zu verfolgen. Sie liefen in ein paar Tausendstelsekunden ab. Ich aber kann schon die achtzehn Bilder, die mir mein Filmprojektor in einer Sekunde vorflimmert, nicht mehr einzeln erkennen.
Hörte ich nicht eben den kleinen Kobold noch einmal kichern?

Kommen und Gehen im Arbeitsspeicher

Betrachten wir diese Geschichte noch einmal bei Tageslicht. Sie zeigt uns ein Stück des recht komplizierten Zusammenspiels von Arbeitsspeicher und Magnetplattenspeicher.
Wir wissen, daß die Zentraleinheit nur zu denjenigen Daten und Programmen unmittelbar zugreifen kann, die der Arbeitsspeicher, ihr »Privatsekretär«, gerade enthält. Wir wissen weiterhin, daß die Zentraleinheit in der Lage ist, den Inhalt ihres Arbeitsspeichers nach Belieben zu wechseln, indem sie sich von einem Magnetschichtspeicher – in unserer

Geschichte war es ein Magnetplattenspeicher – neue Programme oder Daten besorgt.
Die Magnetschichtspeicher halten vorrätig, was der Computer an Programmen und Daten benötigt. Es können beliebig viele sein. Auf die Größe des Arbeitsspeichers braucht man dabei keine Rücksicht nehmen. Allerdings kann es passieren, daß ein Programm im Arbeitsspeicher keinen zusammenhängenden Platz findet. Wir haben erfahren, wie es sich dann in zwei getrennten Bereichen des Speichers unterbringen läßt.
Was aber, wenn ein Programm größer ist, als der insgesamt im Arbeitsspeicher verfügbare Platz? Auch dann teilt man das Programm. Einen Teil bringt man in den Arbeitsspeicher, den anderen läßt man auf dem Magnetschichtspeicher. Wird er gebraucht, dann tauschen beide Teile den Platz.

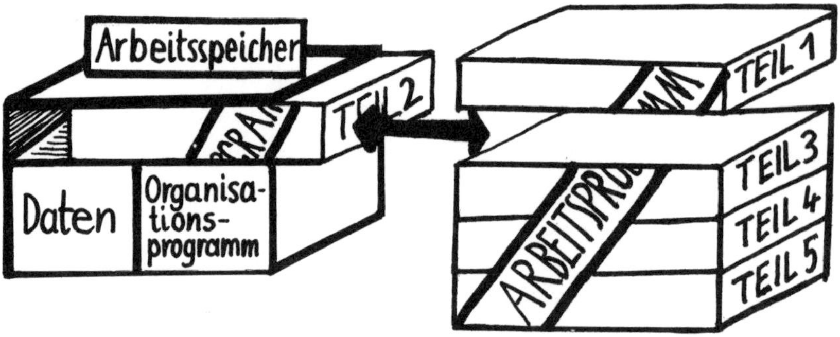

Programme können viel größer sein als der Arbeitsspeicher. Sie werden dann etappenweise von einem Magnetplatten- oder Magnetbandspeicher in den Arbeitsspeicher gebracht. Bei solchen Aktionen wirkt das Organisationsprogramm mit.

Das klingt zunächst einfach. Aber erinnern wir uns, daß ein Programm nicht »streng der Reihe nach, Befehl nach Befehl« – so ähnlich drückte sich Herr Ypsilon aus – abläuft. Denken wir an die vielen Sprungbefehle, die die Zentraleinheit veranlassen, plötzlich an einer ganz anderen Stelle des Programms weiterzumachen. Was ist, wenn diese andere Stelle in dem Programmteil liegt, der sich zur Zeit gar nicht im Arbeitsspeicher befindet?

Das könnte zur Folge haben, daß der Computer die meiste Zeit für das Austauschen von Programmteilen verwendet, statt nützliche Arbeit zu tun. Hier bleibt den Programmierern leider nichts übrig, als den Programmablauf so zu planen, daß Sprünge von Programmteil zu Programmteil denkbar selten erfolgen. Wirklich keine leichte Aufgabe! Und deshalb darf man ein Programm nicht an beliebiger Stelle zerlegen, sondern nur dort, wo es der Programmierer vorgesehen hat. Er weiß schließlich am besten, welche Befehlsfolgen in seinem Programm immer zusammenbleiben müssen, weil in ihnen viel »herumgesprungen« wird.

Die Stecknadel im Heuhaufen – oder wie sich der Computer in hunderttausend Speicherzellen zurechtfindet

In dem von Herrn Ypsilons Freund Klar betreuten Rechenzentrum steht, wie wir wissen, eine ansehnliche Datenverarbeitungsanlage. Ihre Geräte füllen den ganzen großen Raum. Man kann eine Reihe von Magnetbandspeichern und einige Plattenspeicher sehen. Lochstreifenleser und Lochstreifenstanzer sind auch vorhanden. Inzwischen sind das für Ypsilon alles alte Bekannte. Anders die beiden Drucker; die weckten schon immer seine Neugier, doch er sah sie bisher nur im Vorbeigehen. Und schließlich steht da die Zentraleinheit, in der alle Fäden zusammenlaufen, oder, wie Klar es ausdrücken würde, die alle anderen Geräte steuert.
So nichtssagend wie der Name »Zentraleinheit« ist auch das Gehäuse dazu: ein unauffälliger Blechschrank, vorn dran einige Tasten und einige Reihen von Lämpchen, die manchmal aus unerklärbaren Gründen flimmern. Technische Begeisterung kann so etwas nicht auslösen. Dennoch weiß Ypsilon, daß hier das Wichtigste geschieht, daß hier der eigentliche Computer sitzt. Hier ist die Stelle, wo »die Programme laufen«.
Ypsilon weiß, daß ein ganz wichtiger Teil der Zentraleinheit der Arbeitsspeicher ist. Aus ihm liest die Zentraleinheit Befehl für Befehl die

Programme, nach denen sie arbeitet. Ihm entnimmt sie die Daten, mit denen sie etwas tun muß. In den Arbeitsspeicher gelangen aber auch die Daten, die die Damen an den Erfassungsplätzen eintippen.
Es ist unübersehbar: Der Arbeitsspeicher spielt im Computer eine besonders wichtige Rolle. Aber wie funktioniert er? Ypsilon erinnert sich, daß Klar einmal von einer »Unzahl von Schaltern« sprach.
»In einem Buch habe ich neulich gelesen«, sagt Ypsilon zu Klar, »daß ein solcher Schalter ein Bit speichern kann und daß im Arbeitsspeicher die Schalter zu Gruppen zusammengefaßt sind. Eine Gruppe von Speicherschaltern nennt man auch Speicherzelle. Sie nimmt acht oder mehr Bits auf. Eine solche Bitgruppe kann ein Befehl sein, sie kann aber auch die Bedeutung von Ziffern oder Buchstaben haben, also von Daten.

Aber eines frage ich mich: Wie kann man Daten oder Befehle – also eine solche Bitreihe – in eine ganz bestimmte Speicherzelle schreiben? Und wie kann man eine ganz bestimmte Speicherzelle finden, um ihren Inhalt zu lesen. Mit anderen Worten: Wie findet sich der Computer, wie findet sich seine Zentraleinheit in diesem Speicher zurecht, der ja, wie Sie mir einmal sagten, viele tausend Speicherzellen hat?«
»Fachmännisch ausgedrückt«, nimmt Klar die Frage auf, »wie schafft man es, hunderttausend Speicherzellen und mehr zu adressieren, also jede unter einer bestimmten Adresse – ihrer Adresse – zu finden.«
»Adressieren! Ja!« sagt Ypsilon. »Ich stelle mir immer vor, daß diese Bitreihen – sagt man nicht auch Bytes dazu? – in einem Draht zum Arbeitsspeicher marschiert kommen und darin irgendwohin sollen. Aber wohin? Und wie?«
»Wohin, das bestimmt ein Programm. Dieses Programm sagt zum Beispiel ganz schlicht: ›Alle ankommenden Daten sollen ab Speicherzelle 200 fortlaufend in den Speicher aufgenommen werden.‹ Nehmen wir an, der Speicher hat Zellen, in die jeweils acht Bits passen. Dann kommen die als erste eintreffenden acht Bits in die Speicherzelle mit der Adresse 200, die nächsten acht in 201 . . .«
»Aber wie findet die Zentraleinheit die Zelle 200? Haben Arbeitsspeicher

auch ein Spulensystem wie Plattenspeicher? Fährt es auf den Speicherzellen herum wie auf einer Magnetplatte?«
Klar lacht: »Das wäre viel zu langsam. Dann könnte die Zentraleinheit gleich auf ihren Arbeitsspeicher verzichten und sich mit einem Plattenspeicher begnügen. Aber dann wäre der Computer nicht der schnelle und wendige Bursche, den wir für unsere Aufgaben brauchen. Wenn er schnell sein soll, muß er in ganz kleinen Sekundenbruchteilen auch die entlegenste Arbeitsspeicherzelle erreichen können. Sei es, um dort etwas zu schreiben oder zu lesen, sei es, weil ihm ein Programmsprung dahin befohlen wurde. Schnell geht es aber nur, wenn bei der Suche nach der Speicherzelle keine Teile bewegt werden müssen. Das Spulensystem des Plattenspeichers, so rasch es auch rückt, ist für Arbeitsspeicher-Ansprüche viel zu träge.«
»Es muß also mit Strom allein gehen?«
»Allein mit Strom, ohne daß sich der kleinste Gegenstand dabei bewegt, muß die Zentraleinheit die Speicherzelle 200 und jede andere finden können.«
»Also eine Leitung zu jeder Zelle?«
»Der Gedanke liegt nahe. Aber bedenken Sie, daß wir hier in unserem eigenen Computer schon einen Arbeitsspeicher mit einer halben Million Speicherzellen haben. Andere Arbeitsspeicher sind noch viel größer. Das gäbe eine halbe Million Leitungen. Und selbst, wenn wir diese Leitungen zu den Speicherzellen legen: Wie wählen wir blitzschnell die richtige aus?«
Herrn Ypsilon fällt etwas ein: »Eine halbe Million Speicherzellen mit einer halben Million Adressen? Das läßt sich gut mit dem Fernsprechnetz einer Großstadt vergleichen. Es hat vielleicht eine halbe Million Telefone, und die haben ebensoviel Telefonnummern. Da geht es doch auch. Man kann jedes Telefon über seine Nummer erreichen. Zu jedem Telefon führt eine Leitung.«
»Was Sie sagen, ist nicht abwegig«, meint Klar. »Als Konrad Zuse um 1941 seinen ersten programmgesteuerten Relaisrechner baute, einen Vorläufer der elektronischen Computer, benutzte er tatsächlich Telefonwäh-

ler, um die aus Relais bestehenden Speicherzellen seines Rechners zu erreichen. Ein Techniker würde sagen: ›Die Speicherzellen wurden über eine Telefonvermittlung angesteuert.‹ Wollten wir jedoch für eine halbe Million Speicherzellen eine Telefonzentrale bauen, dann brauchten wir ein Haus, um sie unterzubringen. Und würden wir das Haus in Kauf nehmen, dann ginge die Sache immer noch viel zu langsam. Ein Computer würde Tage und Wochen benötigen, um mit einem Programm von heutigem Ausmaß fertigzuwerden.«
»Wie schafft man es dann in den Mikrosekunden, von denen Sie immer sprechen, Herr Klar?«
»Die Lösung des Problems ist die Speichermatrix.«

Alles schön in Zeilen und Spalten

»Was ist denn eine Speichermatrix?« Ypsilons Neugier ist ungebrochen. Auf Klars Schreibtisch liegt ein karierter Block. Klar nimmt ihn und macht in eines der vielen Kästchen mit dem Bleistift ein Kreuz. Dann sagt er: »Auf diesem Blatt sind zweitausendvierhundert Kästchen, Herr Ypsilon. Wenn Sie jetzt ganz schnell erklären sollten, an welcher Stelle auf diesem Blatt sich das Kästchen mit dem Kreuz befindet, was würden sie tun?«
»Sehr einfach! Warten Sie mal.« Ypsilon zählt die Reihen der Karos. »Es ist das Kästchen in der elften Reihe von oben und der neunten Reihe von links.«
»Ausgezeichnet!« freut sich Klar. »Die Speicherzellen im Arbeitsspeicher sind ganz ähnlich angeordnet, wie diese Kästchen. Wenn ich dem Computer eine Adresse nenne, dann ›übersetzt‹ er sie in die beiden Angaben ›Reihe von oben‹ und ›Reihe von links‹, ähnlich, wie Sie es eben machten. Bleiben wir bei diesem karierten Blatt, so finden wir zum Beispiel das Kästchen mit der Adresse 1512 in der siebenunddreißigsten Reihe von oben und der zweiunddreißigsten Reihe von links.«

Zur Erläuterung numeriert Klar erst die senkrechten Kästchenreihen: Es sind vierzig. Dann numeriert er die waagerechten Reihen ebenfalls: Es sind sechzig. Nun schreibt er auf ein Blatt:

1512 : 40 = 37 Rest 32

»Würden wir die Kästchen reihenweise von links oben beginnend zählen, so kämen wir bei der Nummer 1512 genau nach siebenunddreißig ganzen Zeilen und zweiunddreißig Kästchen an.«
Ypsilon sieht eine Weile auf das karierte Blatt. Sehr einfach und einleuchtend, denkt er, aber das kann doch nicht schon alles sein!
Klar fährt fort: »Denken wir uns einen Speicher, in dem die Kästchen für die einzelnen Bits so angeordnet sind wie hier die Kästchen auf dem Papier, dann braucht der Computer nicht zweitausendvierhundert Leitungen, um jedes einzelne Bit erreichen zu können. Er benötigt je eine Leitung für die von links nach rechts führenden ›Zeilen‹ sowie je eine Leitung für die von oben nach unten führenden ›Spalten‹. Auf diesem Blatt gibt es sechzig Zeilen und vierzig Spalten.«
»Warten Sie mal«, unterbricht ihn Ypsilon, »sechzig Zeilen . . . jede Zeile hat in jeder Spalte ein Kästchen . . . vierzig Spalten sind es . . . also vierzig Kästchen je Zeile . . . sechzig mal vierzig gibt zweitausendvierhundert. Tatsächlich! Stimmt! Sie sagen, zum Adressieren dieser vielen Bits sind nur je Zeile und je Spalte eine Leitung erforderlich?«
»Genauso ist es. Weil nun so ein Gebilde aus Zeilen und Spalten Matrix genannt wird, nennt man einen so angeordneten Bitspeicher auch . . .«
Und er schreibt quer über das karierte Blatt: »Speichermatrix«.

Ein kleiner Ring gibt wieder von sich, was man ihm sagt

Herr Ypsilon war mit dem, was er von Klar über die Speichermatrix erfahren hatte, zunächst zufrieden. Und Klar war vermutlich froh darüber, daß sein Zuhörer keine weiteren Fragen stellte. Zu Hause am

Abend ist Ypsilon sicher eingefallen, daß er sich gar nicht danach erkundigt hat, was denn in der Speichermatrix geschehen muß, damit man ein paar Bits hineinschreiben kann, und wie man herausliest, was in ihr an binären Nullen und Einsen drin ist.

Über dieses Problem zerbrachen sich Computerkonstrukteure wohl erstmals den Kopf, als ein kleiner grauer Ring vor ihnen lag. Dieser Ring hatte nur einige Millimeter Durchmesser, bestand aus dem für Magnete so gut geeignetem Ferrit und sollte ein Speicher werden.
Eben meldete sich einer der Herren zu Wort und sagte: »Ein Speicher soll nach Wunsch eine binäre Null oder eine binäre Eins festhalten, also allgemein ausgedrückt, zwei Zustände annehmen können. Das geht mit diesem Ferritring ausgezeichnet.«
So war es auch. Führte man einen Draht durch den Ring und schickte einen kleinen Gleichstrom durch diesen Draht, dann wurde der Ring magnetisch. Jeder weiß, daß Magnete zwei unterschiedliche Seiten haben, also eine sogenannte magnetische Richtung. An der Kompaßnadel ist das deutlich zu merken, sie hat eine magnetische Richtung, deshalb zeigt sie immer mit dem gleichen Ende nach Norden.
Auch der Ferritring bekommt beim Magnetisieren eine magnetische Richtung. Welche, das hängt davon ab, von wo nach wo der Gleichstrom durch den Ring fließt. Als sogenannter Dauermagnet behält er die Richtung, die ihm durch einen kleinen Stromstoß gegeben wird, beliebig lange – wenn nicht jemand auf die Idee kommt, einmal einen Stromstoß entgegengesetzt durch den Draht und damit durch den Ring gehen zu lassen. Schon ist es mit der Standfestigkeit vorbei: Er ändert seine magnetische Richtung.
»Beschließen wir nun«, fuhr der Speicherkonstrukteur in seiner Rede fort, »rechtsherum magnetisiert bedeutet eine binäre Eins, linksherum magnetisiert bedeutet eine binäre Null, so ist der Speicher fertig.«
Zur Hälfte fertig. Man konnte nun zwar speichern, aber das Gespeicherte noch nicht lesen. Die Speicherkonstrukteure wußten natürlich, daß ein solcher Ferritring wie jeder andere Magnet ein Magnetfeld hat und daß

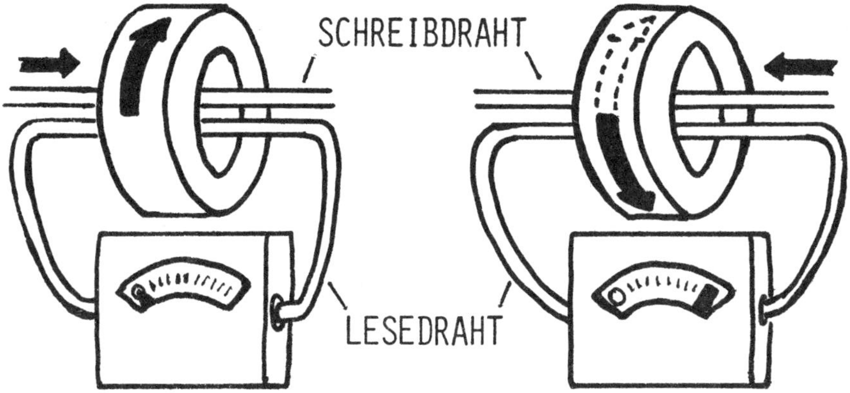

Wenn sich die magnetische Richtung ändert, entsteht im Lesedraht ein Stromimpuls.

Aus dem Stromimpuls im Lesedraht kann man auf die vorher vorhandene magnetische Richtung des Ferritrings und damit auf die in ihm gespeicherte Binärziffer schließen. Im linken Ferritring war eine binäre Null gespeichert, deshalb entsteht beim Lesen kein Strom im Lesedraht. Im rechten Ferritring war eine binäre Eins gespeichert. Beim Lesen wird sie zu einer binären Null. Dieser Wechsel (in der magnetischen Richtung) bewirkt einen Strom im Lesedraht, den wir als »binäre Eins gelesen« deuten.

sich dieses Feld ändert, wenn sich die magnetische Richtung ändert. Dieser Magnetfeldwechsel läßt in einem durch das Feld führenden Draht eine elektrische Spannung entstehen.

»Das nützen wir aus«, sagte ein anderer Speicherbauer. »Wir führen zwei Drähte durch den Ring. Einen Draht zum Magnetisieren, also zum Hineinschreiben; den nennen wir Schreibdraht. Und einen zweiten Draht, mit dem wir feststellen können, ob der Ring seine magnetische Richtung wechselt; den nennen wir Lesedraht. Wenn wir wissen wollen, was in dem Ferritring gespeichert ist, schicken wir durch den Schreibdraht einen Stromstoß, der den Ring im Sinn einer binären Eins magnetisiert. Dabei beobachten wir den Lesedraht. War vorher in dem Ring schon eine binäre Eins gespeichert, dann wechselt er seine magnetische Richtung jetzt nicht, wir können also im Lesedraht keinen Strom feststellen. War aber im Ring eine binäre Null gespeichert, dann muß er unter dem Zwang des Schreibstroms für die binäre Eins seine magnetische Richtung wechseln. Das ist leicht an dem Stromimpuls im Lesedraht zu erkennen.«

»Nun haben wir einen hübschen kleinen Speicher für ein Bit«, freute sich ein Kollege, »wenn wir nur schon wüßten, wie wir ihn adressieren!«

Da kam einer von ihnen auf eine glänzende Idee . . .

Bit für Bit –
die Speichermatrix besteht ihr Examen

Eines Tages stand in einem Computerlaboratorium ein merkwürdiges Gebilde.

»Was ist das für ein komisches Fliegengitter?« wollte einer der Männer wissen, die um das Ding herumstanden. Er setzte seine Brille auf und trat ganz dicht an den Tisch heran, auf dem ein Rahmen, gitterförmig dicht mit Draht bespannt, zu sehen war.

So wird in einer Speichermatrix ein Ferritring durch zwei sich kreuzende Drähte (die Schreibdrähte a und b) zum Magnetisieren ausgewählt.

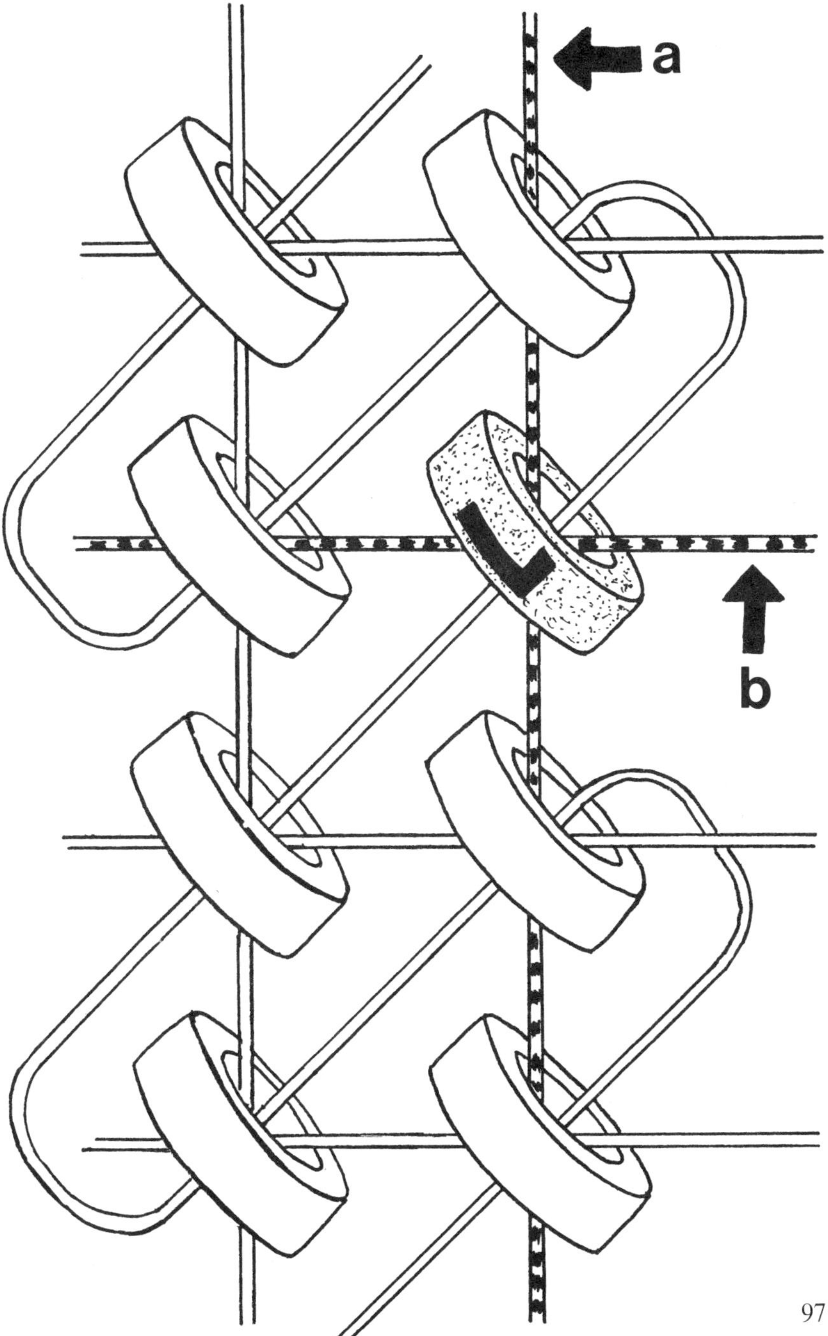
a
b

Der mit der Brille zog die Augenbrauen zusammen: »Was da auf die Gitterdrähte gefädelt ist, scheinen Ferritringe zu sein.«
»An jeder Drahtkreuzung einer«, ergänzte ein anderer Mann.
»Sieht hübsch aus, das Ding. Aber wie funktioniert es?«
»Man hat mir erzählt«, meinte ein Dritter, »da hingen tausend Ferritringe drin und jeder von ihnen könne einzeln magnetisiert werden. In beiden Richtungen magnetisiert, ganz nach Wunsch.« Dabei schob er seine Hände in die Jackentaschen wie jemand, der nicht weiß, ob er seine große Neugierde zeigen oder besser den Mißtrauischen spielen soll.
»Wie ist denn das möglich? Es führt doch zu keinem der Ringe eine direkte Leitung! Alle sitzen gemeinsam auf den Drähten«, schüttelte der Brillenträger den Kopf.
»Wenn Sie ganz genau hinsehen, meine Herren«, mischte sich jetzt der Laborchef ein, »wenn Sie ganz genau hinsehen, werden Sie feststellen, daß durch jeden Ring ein waagerechter und ein senkrechter Draht geht – in jedem Ring kreuzen sich also zwei Drähte. Sie finden aber unter diesen tausend Ringen nicht zwei, in denen sich das gleiche Drähtepaar kreuzt.«
»Das ist leicht zu sehen. Doch wenn man nun einen bestimmten Ring magnetisieren will . . .«
»Dann wählt man die beiden Drähte aus, die sich in diesem Ring kreuzen, und gibt jedem von ihnen die Hälfte der Spannung, die zum Magnetisieren erforderlich ist.«
»Und die übrigen Ringe, durch die diese Drähte gehen? Jeder der beiden unter Strom gesetzten Drähte durchläuft doch gleichzeitig eine ganze Reihe weiterer Ferritringe!«
»Richtig. Aber in diesen Ringen ändert sich nichts, weil ein Draht allein stets nur die Hälfte der Spannung führt, die zum Schreiben einer binären Null oder einer binären Eins erforderlich ist.«
»Ein Ring spricht also erst an, wenn die Spannungen aus zwei Drähten zusammenwirken? Das möchte ich sehen!«

Hier wird der Inhalt eines Ferritrings »gelesen«, indem man L »hineinschreibt« (a, b). Dabei entsteht im Lesedraht (c) ein Strom, der anzeigt, daß vorher in diesem Ring 0 gespeichert war.

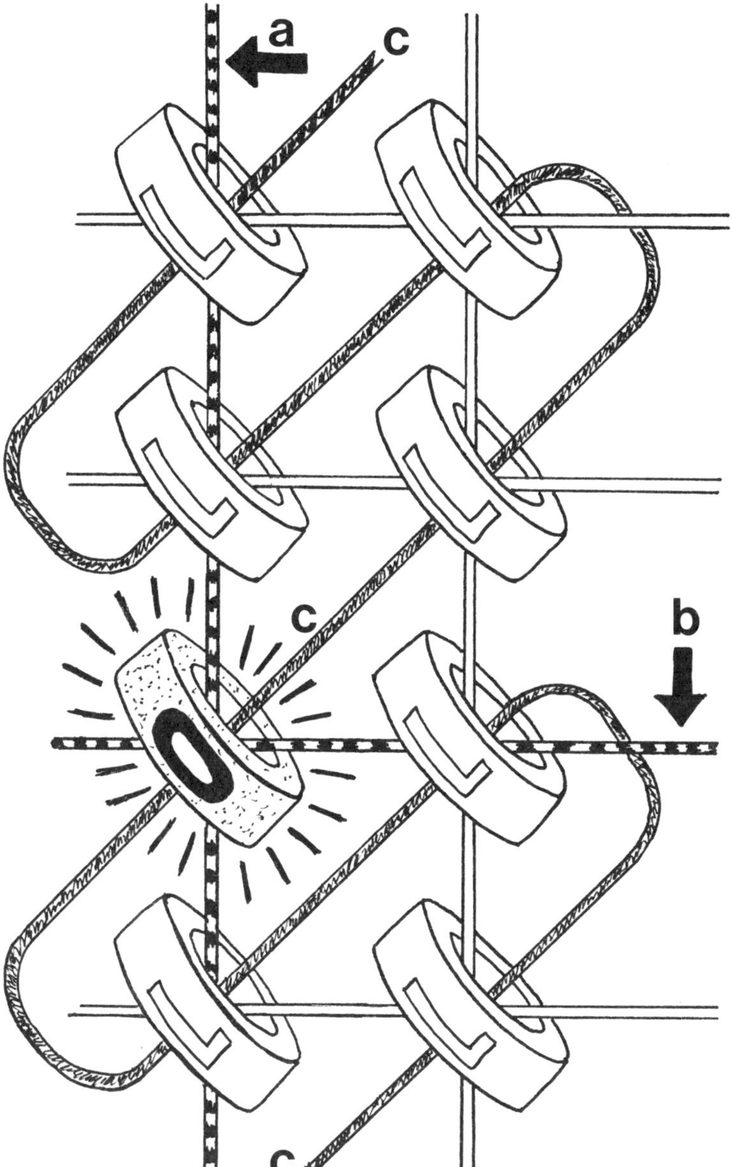
a
c
c
b
c

»Dazu haben wir hier eine Versuchsanordnung aufgebaut, mit der wir die Magnetfeldänderung in einem Ferritring nachweisen können. Sie wissen ja: Jede Magnetfeldänderung ruft in einem Draht, der durch das Feld führt, einen Strom hervor. Wir werden den Strom im Lesedraht unserer Speichermatrix nachweisen.«
»Wo ist denn der Lesedraht?«
Den Lesedraht hatten die Herren bis jetzt glatt übersehen. Er schlängelte sich von links nach rechts durch die oberste Ferritringzeile, dann nach links durch die nächste, nach rechts durch die übernächste und so fort, bis er unten beim letzten Ferritring herauskam. Kein Ring war ausgelassen.
»Nur ein einziger Lesedraht für alle Ferritringe?« fragte man ungläubig.
»Warum nicht? Wenn ich weiß, welchen Ring ich mit den beiden Schreibdrähten angesteuert habe, dann weiß ich auch, daß ein Strom im Lesedraht nur von diesem einen Ring herrühren kann.«
»Fabelhaft«, sagte der Mann mit der Brille.
»Erst beweisen«, meinte sein Nachbar und bohrte die Hände noch fester in die Taschen. Für ihn hätte ein Krimi nicht spannender sein können als diese neue Idee zum Speichern. Schließlich hatte er schon einige Magnetschichtspeicher konstruiert und wußte, was das heißt: Jedes beliebige einzelne Bit-Pünktchen direkt adressieren können. Unglaublich!
»Nehmen wir also einmal diesen Ring da«, sagte der Laborleiter und tippte mit seinem Kugelschreiber mitten in die Speichermatrix. »Sein Zeilendraht führt hier links und rechts aus der Matrix heraus, sein Spaltendraht oben und unten. Bitte beachten Sie jetzt das Meßinstrument am Lesedraht, wenn ich den Schreibstrom nur durch den Spaltendraht fließen lasse – jetzt!«
Vier Augenpaare fixierten das Meßgerät.

Ein kleiner Ausschnitt aus einem Ferritringspeicher, wie er in den sechziger Jahren und noch bis Mitte der siebziger Jahre in fast jedem Computer als Arbeitsspeicher zu finden war. Es ist deutlich zu sehen, wie die Ferritringe in einer Matrix angeordnet sind, die aus dem Netz der Schreibdrähte gebildet wird. In jedem der Ringe kreuzen sich zwei Schreibdrähte. Auch der alle Ringe durchlaufende Lesedraht ist erkennbar sowie eine weitere aus technischen Gründen erforderliche Leitung.

»Es zeigt nichts an, also reicht der Strom nicht.«
Erst als der Laborleiter Spalten- und Zeilendraht gleichzeitig mit Strom beschickte, schwenkte der Zeiger des Meßinstruments deutlich über die Skala.
»Der durch Spaltenschreibdraht und Zeilenschreibdraht angesteuerte Ferritring zeigte durch diesen Impuls im Lesedraht an, daß er seine magnetische Richtung wechselte. Wir haben ihn jetzt im Sinn einer binären Eins magnetisiert.«
»Also war vorher eine binäre Null in dem Ring gespeichert?«
»Richtig«, bestätigte der Laborchef, »wir haben soeben eine binäre Null aus dem Ferritring gelesen.«
»Könnten wir jetzt die ganze Sache noch einmal umgekehrt . . .?«

Während die Herren weitere Experimente machen, wollen wir noch einmal an das karierte Papier erinnern, auf dem Klar das Auswählen eines Bits durch Angeben von Zeile und Spalte erläuterte.
Dahinter steckt die geometrische Binsenweisheit, daß sich ein Punkt auf einer Fläche durch zwei sich kreuzende Linien bestimmen läßt. In der Speichermatrix kreuzen sich anstelle der Linien zwei Drähte. Aber erst der Trick mit den zwei halben Strömen, die nur gemeinsam den im Kreuzungspunkt aufgehängten Ferritkern beeinflussen können, macht dieses Matrixgebilde zu einem Speicher mit beliebig veränderbarem Inhalt.
Wie man einen einzelnen Ferritkern, ein einzelnes Bit auswählt, also adressiert, konnten wir eben mitverfolgen. In der Praxis besteht ein Matrixspeicher meist aus acht oder mehr Matrizen, die so verbunden sind, daß man mit einer Adresse und mit einem Schreib- oder Lesevorgang gleich acht oder mehr Bits erreicht. Aus jeder Matrix ein Bit. Jedes der Bits aus der gleichen Spalte und der gleichen Zeile.
Diese acht Bits zusammen nennen wir »Speicherzelle«. Sie haben eine gemeinsame Adresse. Es ist die Adresse, die der Programmierer verwendet, wenn er die acht Bits eben dieser Speicherzelle in seinem Programm verwenden will. Aus dieser Adresse für eine Speicherzelle sind Zeilen und

Spalten für die einzelnen Bits nicht zu erkennen; sie ist nur eine laufende Nummer. Deshalb benötigt jeder Matrixspeicher noch eine besondere Einrichtung zum Umrechnen der Adressen in Zeilen- und Spaltennummern. Der Speicher hat sozusagen noch einen eigenen »Spezialrechner«. Es ist schon Jahrzehnte her, daß der Matrixspeicher mit Ferritringen als umwälzende Neuheit die Fachleute staunen ließ. Unter dem Namen Ringkernspeicher hat er ungezählten Computern als Arbeitsspeicher gedient. Die Anzahl seiner Ferritringe nahm immer mehr zu. Die Ringe selbst verkleinerten sich . . .
Eines Tages staunten die Fachleute wieder: Da stellte man ihnen den ersten Transistorspeicher vor – Halbleiterspeicher genannt –, der als »integrierte Schaltung« in mikroskopischer Winzigkeit wiederum ein dichtes Netz von Speicherelementen mit je einem Bit enthält. Sie speichern auf andere Weise als Ferritringe. Aber eines hat der Halbleiterspeicher mit dem Ferritringspeicher gemeinsam: die Adressierung jedes einzelnen Speicherelements über zwei sich kreuzende Leitungen.
Warum ich dann nicht gleich den modernen Halbleiterspeicher beschrieben habe? Er ist komplizierter gebaut und nicht so leicht zu erklären, wie der Ringkernspeicher. Zeigen wollte ich vor allem den Kunstgriff mit dem Adressieren in einer Matrix, und das ist beim Ringkernspeicher besonders leicht zu erkennen.

Ein millimeterkleiner Weltveränderer

Kürzlich stellten einige Männer in den großen Saal des technischen Museums einen Tisch. Einer schraubte ein Mikroskop darauf fest. Dann schaltete er die Beleuchtung am Mikroskop ein und befestigte einen kleinen flachen Gegenstand – fingernagelgroß – unter dem Objektiv. Schließlich richtete er das Mikroskop genau auf die Mitte des flachen Gegenstandes und drehte an der Einstellschraube, bis man eine winzige Zeichnung erkennen konnte. Sie bestand aus vielen in einem eigentümlichen Muster verlaufenden Linien. Sie hatten etwas sehr Regelmäßiges wie die Gleise eines großen Rangierbahnhofs, ließen aber auch Flächen frei wie Plätze in einem Stadtplan. Zuletzt stellte der Mann ein Schild neben das Ganze.

Das war morgens, wenige Minuten vor Neun. Um neun Uhr und zehn Minuten wurde die feierliche Museumsstille jäh beendet. Die fünfundzwanzig Mädchen der 9c des Leibniz-Gymnasiums folgten ihrem Physiklehrer in den Saal – aber sie folgten noch längst nicht seiner Aufforderung, nun endlich etwas leiser zu sein. Immerhin hatten die ersten sehr schnell das Mikroskop entdeckt.

Während Rosi den seltsamen Gegenstand betrachtete, las Susi mit feierlich verstellter Stimme: »Mikroprozessorchip. Ein sogenannter integrierter Schaltkreis mit 40 000 Transistoren. Die auf diesem Chip enthaltenen Schaltungen bestehen aus Leitbahnen und durch Diffusion erzeugten Schaltelementen . . .« hier brach sie mit einem »Kapier' ich nicht!« ab.

»Was siehst du da drin?« fragte Diana.

»Schwer zu erklären«, meinte die immer noch über das Mikroskop gebeugte Rosi.

»Diffusion! Eben was Diffuses. Komm weiter!« drängte Susi.

»Nicht so schnell! Bleibt mal da!« verschaffte sich jetzt der Lehrer Gehör.

»Wir wollen doch die ollen Autos sehn!«

»Und das Flugzeug mit den drei Tragflächen.«

»Da ist auch noch 'ne Schmiede zu besichtigen, ganz echt mit künstlichem Herdfeuer und so!«

»Echt künstlich!« lachte der Lehrer. »Sollt ihr ja alles noch besuchen; aber laßt euch wenigstens sagen, daß das kleine Ding hier unter dem Mikroskop dabei ist, unsere Welt mehr zu verändern, als es alle Technik von der alten Schmiede bis zum Flugzeug bisher vermocht hat.«

Susi dachte: Da wird einem ja ganz ergriffen zumute.

Der Lehrer fuhr fort: »Wißt ihr eigentlich, daß ihr alle so ein Ding in der Schultasche mit herumtragt? Nämlich in eurem Taschenrechner.«

»Ach sooo . . .«, sagten einige Mädchen, die offenbar etwas sehr Spannendes erwartet hatten.

»Seht euch mal um in diesem Museum«, hörten sie ihren Lehrer weitersprechen. »Da findet ihr Maschinen und Apparate jeder Art aus verschiedensten Zeiten. Ihr könnt beobachten, wie sie im Lauf der Jahrzehnte immer besser, aber auch immer komplizierter wurden. Am Anfang ein paar Räder und Stangen, zum Schluß ein unübersehbares Gewirr von Hebeln und Schiebern, Achsen und Kolben, Federn und Ventilen. Seht euch zum Beispiel die mechanische Rechenmaschine dort drüben in der Vitrine an. Sie war einst mit ihren 3000 Teilen eine Spitzenleistung der Feinmechanik; stolz darauf, daß sie nicht nur alle vier Rechenarten beherrschte, sondern auch über einen aus Zahnrädern bestehenden Speicher verfügte, in dem sie – man höre – eine achtstellige Zahl speichern konnte. Und nun kommt dieser Zwerg von Mikroprozessor, macht die ganze wundervolle Präzisionsmechanik überflüssig und läßt die Apparatur auf eine handgroße Fläche schrumpfen. Nicht ein Hebel bewegt sich mehr.«

»Und warum?«

»Weil er nach einem Programm, das man elektronisch in ihm speichert, alles machen kann, was die Techniker vorher nur mit Rädern, Hebeln, Achsen und vielen anderen Teilen erreichen konnten.«

Hier wollen wir den Physiklehrer mit seinen Schülerinnen allein lassen, denn was er jetzt sagt, hört sich an, als spräche er nicht von einem Mikroprozessor, sondern von einem Computer. Ich kann mir vorstellen, was die Leser dieses Buches dann vielleicht denken: »Da hat uns der Autor so viele Seiten lang von Computern erzählt. Wir haben geglaubt, daß ein Computer, der etwas auf sich hält, wenigstens so groß wie eine Kommode sein muß. Was sollen wir davon halten, wenn jetzt dieser Physiklehrer behauptet, ein kleiner Mikroprozessor könne das auch: Programme laufen lassen, Daten verarbeiten und noch mehr, nämlich ganze Maschinen ersetzen?«

Da ich dem nur zustimmen kann, will ich lieber gar nicht ausführlich Stellung nehmen, sondern berichten, was der Physiklehrer auf die Frage eines Mädchens antwortete. Nachdem das alle Erklärungen des Lehrers

über das Funktionieren solcher Mikroprozessoren angehört hatte, meinte es nämlich:
»Eins verstehe ich nur nicht: warum Mikro!«
»Mikro?« wunderte sich der Lehrer.
»Na ja, warum die Dinger so schrecklich klein sein müssen, damit sie das alles können.«
Da hat der Lehrer eine ganze Weile überlegt und schließlich geantwortet:
»Du hast recht, so klein müßten sie eigentlich nicht sein.«
»Ich finde es sogar unpraktisch, daß sie so klein sind. Man sieht sie kaum. Die Drähte, mit denen man sie an andere Teile anschließt, sind haarfein . . . Das verstehe ich nicht.«

Ja, müssen die Dinger so klein sein?
Natürlich ist dem Physiklehrer nach einigem Nachdenken noch etwas eingefallen und er hat seine Antwort ergänzt: »Sie müßten nicht, aber sie können nur so klein sein.«
Diese Antwort ist nur zu verstehen, wenn man sich mit den Herstellungsproblemen bei Computern beschäftigt und damit, was das Herstellen kostet. Das wollen wir jetzt tun. Gleichzeitig können wir dabei einen Blick in die Vergangenheit der Computertechnik tun.

Aus der Jugend des Computers

Der erste elektrische Rechner, der nach einem Programm Rechnungen ausführen konnte, wurde 1941 von dem deutschen Ingenieur Konrad Zuse gebaut. Zu diesem Rechner gehörte ein großes Gestell voller Relais. Relais sind Schalter, die man mit Strom öffnen und schließen kann. Das besorgt ein Elektromagnet. Man kann zum Beispiel Relaisschalter bauen, die wie folgt funktionieren: Schickt man Strom durch den Magneten, so schließt er den Schalter, schickt man erneut Strom hindurch, dann öffnet er den Schalter wieder. In einem solchen Schalter lassen sich Binärziffern

Konrad Zuse hatte schon zwei nach dem Binärprinzip arbeitende Rechenmaschinen gebaut, als er 1941 bei seiner dritten erstmals eine Programmsteuerung einführte. Er nannte sie Z 3. Wegen der Programmsteuerung sehen wir in ihr den ersten Vorläufer unserer heutigen programmierbaren Computer. Zuse lochte seine Programme übrigens in alte Kinofilme, die damit die Funktion von Programmlochstreifen übernahmen. Da die gelochten Befehle nur Schritt für Schritt nacheinander mit einer Geschwindigkeit von 30 bis 50 Operationen je Minute abgearbeitet werden konnten (einen Arbeitsspeicher hatte sie noch nicht), waren noch keine Programmsprünge möglich.
Die Z 3 hat den Krieg nicht überstanden, doch Zuse rekonstruierte sie. Diese Rekonstruktion können wir heute im Deutschen Museum in München bewundern. Das Rechenwerk der Maschine bestand aus 600 Relais, führte die vier Grundrechenarten aus und konnte Wurzeln ziehen. Dazu kam ein Speicher mit 2000 Relais (rechts und links hinter dem Bedienungspult). Die Befehle waren acht Bits lang. Auf dem Pult in der Mitte sehen wir die Eingabetasten für die »Daten« – in diesem Fall Zahlen, mit denen Rechenoperationen ausgeführt werden sollten.
Die Formeln, nach denen die Zahlen zu verarbeiten waren, enthielt der Programmlochstreifen. Das Ergebnis wurde auf dem Lampenfeld angezeigt, das an der Rückwand des Pultes in der Mitte erkennbar ist. Vier Reihen von Lampen mit der Bedeutung der Dezimalziffern Null bis Neun zeigten durch Aufleuchten vierstellige Dezimalzahlen an. Die unter dem Lampenfeld angeordnete waagerechte Lampenreihe zeigte dazu die Stellung des Kommas.

speichern. Es gibt ja nur zwei, die binäre Null und die binäre Eins. Da der Schalter zwei Stellungen haben kann, läßt sich verabreden: Stellung »Auf« bedeutet eine binäre Null, Stellung »Zu« bedeutet eine binäre Eins.

Die Techniker sagen einfach: Der Schalter kann ein Bit speichern. Wir wissen, daß man für »speichern« auch sagt: »in einen Speicher schreiben«. Das tun wir, indem wir über den Magneten die Schalterstellung bestimmen. Wollen wir »lesen«, was im Speicher steht, dann schicken wir einen Strom durch den Schalter selbst. Geht er hindurch, dann haben wir eine binäre Eins »gelesen« (der Schalter war geschlossen). Geht der Strom nicht durch den Schalter, dann haben wir eine binäre Null »gelesen« (der Schalter war offen).

Auf diese Weise funktionierte der Speicher des ersten elektrischen Rechners von Zuse. Der von ihm konstruierte Computer-Urahn nahm es nur mit ganz einfachen Programmen auf, doch wenn ich im Museum vor seiner Nachbildung stehe, bekomme ich immer wieder Herzklopfen bei dem Gedanken, daß mit dieser schlicht auf den Namen »Z 3« hörenden Anlage das Computerzeitalter begann. Mag man sich nun darüber freuen oder nicht, mag man es als einen Fortschritt ansehen oder als einen Fluch – hier fing es an, dieses Zeitalter, von dem wir noch nicht wissen, wo es uns hinführt. Von der Z 3 an war es nicht mehr aufzuhalten.

Bald wurde die Z 3 von anderen Computern überholt, die anstelle von Relais Elektronenröhren verwendeten. Das war 1946. Diese Röhren haben die Eigenschaft von Schaltern: Mit einem Hilfsstrom kann man sie dazu bringen, daß sie für den eigentlichen Computerstrom »leitend« werden. Sie können also im Sinn eines elektrischen Schalters »auf« oder »zu« sein. In Elektronenröhren bewegen sich nur die Elektronen, aber keine mechanischen Teile. Deshalb schalten sie viel schneller als von Magneten bewegte Schalter in Relais. So konnten Computer mit Röhren schon um einiges komplizierter und damit leistungsfähiger gebaut werden. Auch durften ihre Programme etwas länger und verwickelter sein.

Aber Röhren sind teuer, groß, können durchbrennen und entwickeln sehr viel Wärme. Röhrencomputer füllten kleine Säle, und sie heizten diese

Säle auch gleich. Also alles in allem eine noch sehr umständliche, aufwendige Sache. Kein Wunder, daß sich fast nur Militärs so etwas leisten konnten.

Ein Relaisgestell der von Zuse 1945 gebauten Z 4, die bis 1959 arbeitete. Mit ähnlichen Relais war auch der erste programmgesteuerte Rechner der Welt, die Z 3, ausgerüstet. An einem solchen Bild wird noch deutlich, daß ein Computer, oder zumindest seine Zentraleinheit, vor allem eine riesige Ansammlung von Schaltern ist – das sind die hier sichtbaren Relais. Man kann sich vorstellen, welch lebhaftes Klicken zu hören war, wenn die Anlage etwa die Pythagoras-Formel ausrechnen mußte.

Im mechanischen Schalter werden Kontakte zusammengedrückt, damit der Strom fließen kann. In der Elektronenröhre werden keine Kontakte bewegt, sondern Elektronen eilen durch den luftverdünnten Glaskolben von Elektrode zu Elektrode. Inzwischen hatte man herausgefunden, daß diese Elektronenwanderung nicht nur in einem Glaskolben, sondern auch in besonders behandeltem Silizium oder Germanium möglich ist. Man muß dabei nicht einmal einen Draht beheizen, und ein aus diesem Material bestehender Schalter kann viel kleiner sein.
Damit war der Transistor erfunden, der bald überall die Elektronenröhre ablösen sollte. Sein Siegeszug begann bei den Radios, griff aber 1954 auch auf die Computertechnik über. Transistoren sind billiger als Elektronenröhren, sehr viel kleiner, entwickeln nur ganz wenig Wärme und nützen sich nicht ab. Relais, Röhren und Transistoren wurden in erster Linie für die sogenannten »logischen« Schaltungen verwendet, die unter anderem für das Ausführen der in den Programmen enthaltenen Befehle zuständig sind.
Zuses Relaisrechner hatte noch keinen Programmspeicher und kannte keine Sprungbefehle. Das Programm war auf einem Lochstreifen enthalten, der Zeichen für Zeichen »abgearbeitet« werden mußte. Die Röhrenrechner verwandten schon Arbeitsspeicher in Form von Magnettrommelspeichern, rotierenden Trommeln mit magnetisierbarer Schicht. Etwa gleichzeitig mit den Transistoren fanden auch Magnetkernspeicher als nun sehr viel »schnellere« Arbeitsspeicher Eingang in die Computer.

Tausende von Elektronenröhren waren die Speicher- und Schalterelemente in den Röhrenrechnern, die den Relaisrechnern folgten. Wenn man sieht, wie diese mit Glühfäden ausgestatteten Röhren dicht an dicht montiert sind, kann man sich vorstellen, welche Wärme ein solches Rechenmonstrum entwickelte.

Kupferbahnen ersetzen den Schaltdraht

Die Computerhersteller freuten sich: Mit dem Transistor bekamen sie das Bauteil, das sie brauchten, um große, komplizierte, sehr leistungsfähige Computer konstruieren zu können. Aber auch ein Transistor erfüllt seine Aufgabe erst, wenn er in die richtige Schaltung eingebaut wird. Komplizierte Computer brauchen nicht nur eine Menge Transistoren, sondern auch die Leitungen, die diese miteinander verbinden.

Zunächst waren diese Leitungen noch richtige Drähte. Später ersetzte man die Drähte durch »gedruckte Schaltungen«. Die entstanden so: Man nahm postkartengroße Platten aus Isoliermaterial und überzog eine Seite mit einer dünnen Kupferschicht. Auf diese Kupferschicht druckte man mit einer besonderen Farbe die »Schaltung«, nämlich die Leitungen, welche später die Transistoren verbinden sollten. Das Besondere an der Farbe war, daß sie ätzenden Chemikalien widerstand. Nun legte man die bedruckte Platte in ein Ätzbad, das die Kupferschicht weglöste – bis auf die Stellen, wo die Farbe das Kupfer schützte. Lösungsmittel entfernten schließlich auch die Farbe und übrig blieb die »gedruckte Schaltung«, die vielleicht besser »geätzte Schaltung« heißen könnte. Es brauchten nur noch an den richtigen Stellen Transistoren eingesetzt und mit den kupfernen Leitbahnen verlötet werden.

Wenn wir uns eine gedruckte Schaltung ansehen, finden wir auf ihr natürlich nicht nur Transistoren, sondern auch Kondensatoren und Widerstände. Ein bißchen Elektrotechnik um die Transistoren herum muß eben auch noch sein. Davon lassen wir uns jedoch nicht stören. Das Wichtigste bleiben die schaltenden Transistoren.

Nun hatten die Computerhersteller billig herstellbare, robuste Schalter, das mühselige Drähteziehen war abgeschafft, auch das Verlöten der Anschlüsse weitgehend automatisiert. Die Computer, die jetzt in die Rechenzentren einzogen, waren kleiner und nicht mehr so teuer wie ihre Vorgänger. Sie machten Datenverarbeitung für große Verwaltungen, führten Einwohnerkarteien von Städten, rechneten für die wissenschaftliche Forschung nach komplizierten Formeln, überwachten in Industriebe-

ENIAC nannten J. M. Brainerd, J. P. Eckert, H. H. Goldstine und J. W. Mauchly den von ihnen 1946 fertiggestellten ersten Röhrenrechner der Welt, von dem hier ein Teil zu sehen ist. Die fünf Buchstaben seines künstlichen Namens bedeuten: Electronic Numerical Integrator and Calculator. Große Belüftungseinrichtungen mußten dafür sorgen, daß die von den insgesamt 18 000 Röhren ausgestrahlte Wärme nicht zur Überhitzung der ganzen Anlage führte. Deshalb sah es in der Halle, in der dieser dreißig Tonnen schwere Computer aufgestellt war, eher wie in einer Fabrik aus. Elektronenröhren haben nur eine begrenzte Lebenszeit, weil sich ihr Heizfaden verbraucht. So führten beim ENIAC durchgebrannte Röhren ständig zu Betriebsunterbrechungen. Dennoch arbeitete er bis zum Jahre 1955.

trieben die Fabrikation, kontrollierten Lagerbestände und ermittelten Löhne – aber niemand wäre auf die Idee gekommen, die Nadel einer Nähmaschine von einem Computer steuern zu lassen, statt wie bisher über Zahnräder, Exzenter und Hebel. Technisch zwar möglich, aber undenk-

bar: Ein Computerschrank für einige zehntausend Mark als Nähkommode!
Trotz aller Fortschritte waren Computer weder klein noch billig genug für das große Betätigungsfeld, das auf sie wartete: die vielfältigen Steuerungen von der Zündung im Automotor über die Filmkamera bis zum Fernschreiber und zur Werkzeugmaschine. Hier machten nach wie vor mechanische Einrichtungen das Rennen. Das ist noch nicht so lange her. Die Forscher aber, die sich den Transistor ausgedacht hatten, forschten weiter, probierten unermüdlich – und eines Tages war sie da: die integrierte Schaltung. Doch um die zu erklären, brauche ich eine kleine Pause und ein neues Kapitel.

Alles aus einem Stück: die integrierte Schaltung

Wir haben erfahren, daß Silizium ein Ausgangsmaterial für den Bau von Transistoren ist. Es hat die Besonderheit, daß es unter dem Einfluß chemisch-physikalischer Prozesse seine elektrischen Eigenschaften ändert. Läßt man es unter einem Sauerstoffstrom oxidieren, dann sperrt es sich anschließend gegen jeden Strom, es ist zum guten Isoliermaterial geworden. Behandelt man Silizium mit bestimmten Gasen, dann wird es leitend wie Kupferdraht. Behandelt man es wenig, dann wird es nur ein bißchen leitend und ist als elektrischer Widerstand verwendbar. Das ist aber noch nicht alles. Man kann in Silizium verschiedene Arten der Leitfähigkeit hervorrufen, die, richtig kombiniert, aus einem Stückchen dieses Materials einen mit Strom umstellbaren elektrischen Schalter werden lassen.
Dieser Schalter ist der schon mehrfach erwähnte Transistor. Er wurde möglich, als es gelang, in einem Siliziumstückchen an zwei benachbarten Stellen die physikalische Struktur und damit die elektrischen Eigenschaften unterschiedlich zu verändern.

Dieser Blick durch das Mikroskop zeigt uns eine integrierte Schaltung, die bereits in ihre Trägerplatte eingesetzt ist. Gut erkennbar sind auch die schon an die Schaltungsausgänge angelöteten Drähte, welche die Schaltung mit den Kontaktbahnen der Trägerplatte (das sind die hellen, etwas keilförmigen Flächen rechts und unten) verbinden sollen. Die Drähte sind aus Gold und haben nur ein Drittel der Stärke eines Menschenhaares. Die Schaltung selbst mißt wenige Quadratmillimeter.

Die Physiker sagten sich: »Wenn es uns gelingt, unser Silizium an beliebigen Stellen in beliebiger Weise zu verändern, dann können wir doch eine ganze Schaltung in ein Siliziumstückchen hinein . . .«
Ja, was denn nun? Hineinbauen? Von Bauen kann doch hier nicht mehr die Rede sein. Diffundieren und Dotieren heißen die neuen Techniken. Doch das müssen wir uns nicht merken. Sehen wir lieber, wie die Verwandlung des Siliziums in eine beinahe komplette Computer-Zentraleinheit möglich ist und was den Physikern dazu einfiel.
Wie man auf der Oberfläche eines isolierenden Materials leitende Bahnen

herstellt, die die Aufgabe von Verbindungsdrähten übernehmen, das war schon von den gedruckten Schaltungen her bekannt. Abgewandelt ließ sich diese Technik auch auf Siliziumflächen anwenden. Doch nun sollten dazwischen noch elektronische Bauteile – Transistoren, Widerstände, Kondensatoren – im Silizium entstehen. Das alles zusammen ging nicht in einer Ebene, nicht allein auf der Oberfläche. Da gab es nur den Weg in die dritte Dimension. Das bedeutete: In die Tiefe des Siliziums eindringen und dort die Bauelemente unterbringen, oder auf die Siliziumoberfläche noch einmal »aufstocken«.
Beides tat man und legte die gesamte Schaltung sozusagen in mehreren Etagen an. Das war auch wegen der Kreuzungen zwischen Leitbahnen, die sich nicht berühren dürfen, nötig. Bei komplizierteren Schaltungen sind solche Kreuzungen unvermeidlich. In einer gedruckten Schaltung sind sie aber nicht möglich. Die muß so ausgetüftelt sein, daß sie ohne Kreuzungen auskommt. Im Silizium gibt es einen Ausweg. Es ist der gleiche, den der Straßenbauer wählt: Er führt eine Straße unter der anderen weg. Auch im Silizium können Leitbahnen versenkt, »eingegraben« werden. Über die versenkte Leitbahn kommt eine Siliziumschicht mit Isolatoreigenschaften, darüber dann die obere, kreuzende Leitbahn.

Im Silizium der integrierten Schaltung erzeugt man Bereiche mit bestimmten elektrischen Eigenschaften nicht nur neben- sondern auch übereinander.

Als alle diese Probleme gelöst waren, ließen sich Schaltungen auf ganz neue Art erzeugen – und das fast am Fließband. Man nannte sie inte-

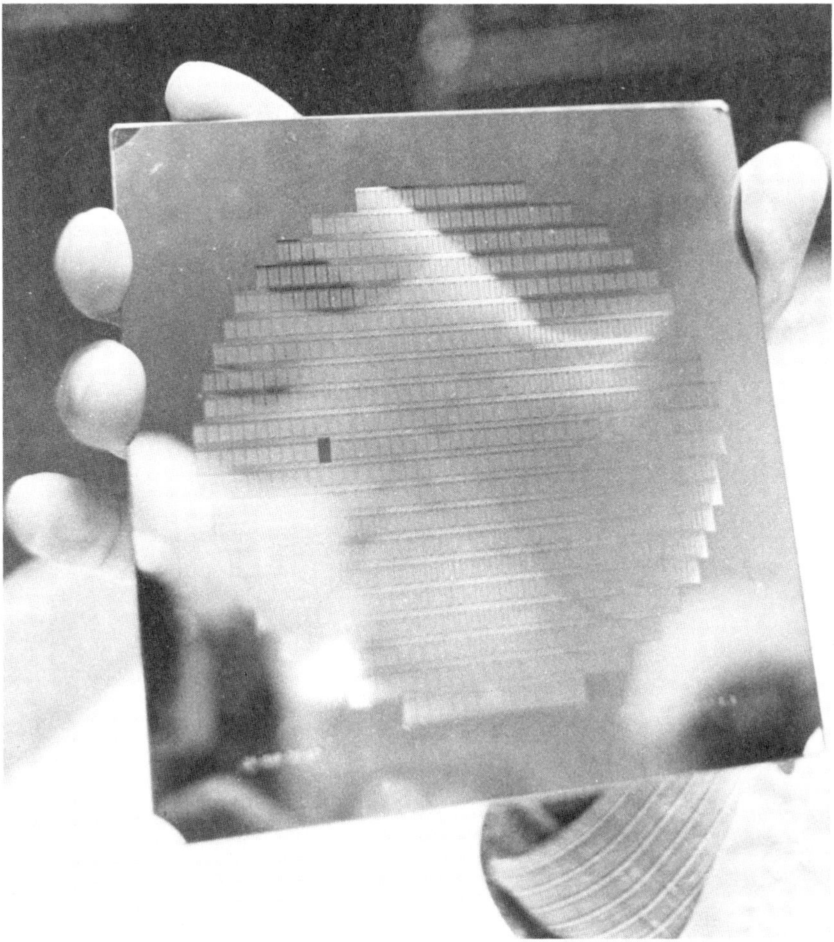

Diese Hand hält eine der Photoschablonen, die zum Belichten der Siliziumfläche verwendet werden. Mehrere solcher Schablonen sind für die verschiedenen Arbeitsgänge beim Herstellen von integrierten Schaltungen erforderlich. Beim Belichten wird die Schablonenzeichnung auf die Größe der Siliziumscheibe verkleinert.

grierte Schaltungen, weil alle ihre Teile nicht mehr einzeln hergestellt und dann zusammengebaut, sondern durch Verwandlung eines einheitlichen Ausgangsmaterials – des Siliziums – erzeugt wurden.

Warum Mikro . . .?

Integrierte Schaltungen sind immer sehr klein. »Warum Mikro?« hatte die Schülerin ihren Lehrer gefragt. Dafür kann man zunächst einen sehr einfachen Grund anführen: Keine technische Einrichtung muß größer sein als nötig. Dieser einfache Satz bedeutet in unserem Fall: Eine Schaltung für einen Computer muß nur so groß sein, daß sie hergestellt werden kann und daß sie ihre Aufgabe erfüllt. Alle im Silizium erzeugten Bauteile würden ihre Aufgabe aber nicht besser erfüllen, wenn sie größer wären.

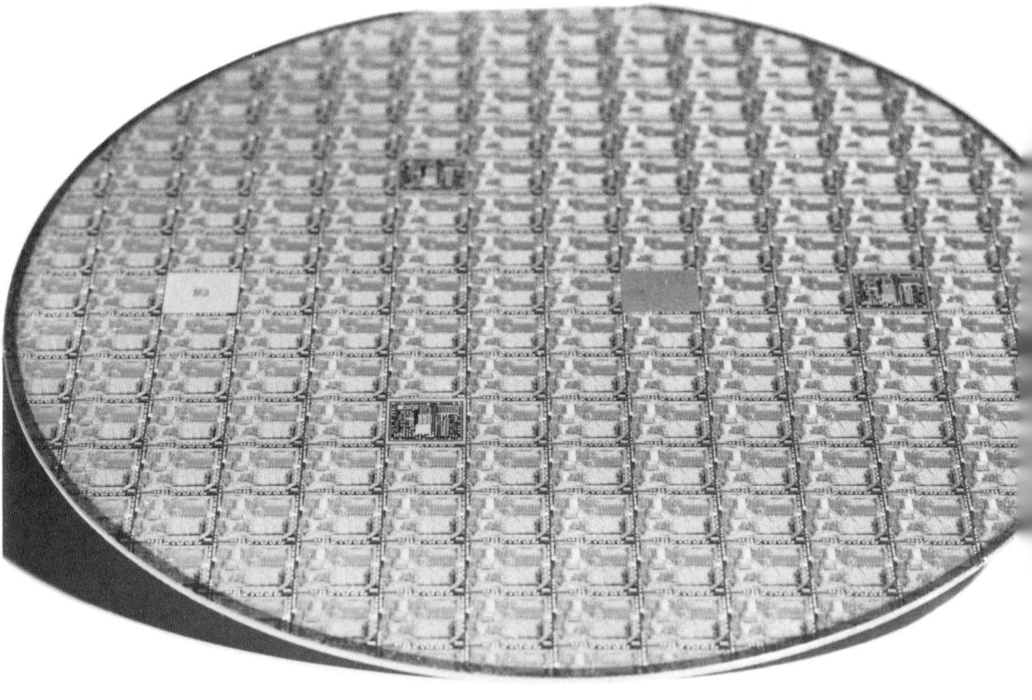

Eine Siliziumscheibe ist fertig behandelt: Wo ursprünglich nur Silizium von höchster Reinheit war (dieses zu erzeugen ist schon für sich ein schwieriger Prozeß) befinden sich nun komplette Schaltungen aus Zehntausenden von elektronischen Bauelementen – unmittelbar in das Material integriert.

Im Gegenteil: Je dichter die Bauteile zueinandergepackt sind, desto kürzer ist der Weg des Stromes durch die Schaltung und desto höher infolgedessen die Schaltgeschwindigkeit. Hinzu kommt, daß das für integrierte Schaltungen erforderliche Silizium unvorstellbar rein sein muß – deshalb ist es sehr teuer. Ein weiterer Grund also, die Schaltungen ganz klein zu machen; sie brauchen dann weniger von dem wertvollen Material.

Schließlich spielt bei der Frage nach der Größe das Herstellen selbst eine Rolle. Wie wir sehen werden, ist das ein komplizierter Prozeß, für den man sehr teure Apparaturen braucht. Wen wundert es also, wenn die Hersteller von integrierten Schaltungen in einem Arbeitsgang möglichst viele Schaltungen gleichzeitig erzeugen möchten. Ob jeweils nur eine der künftigen Schaltungen dem Sauerstoff zur Oxidation ausgesetzt, auf tausend Grad erhitzt wird und so fort oder gleich mehrere hundert, verändert den Aufwand nur unwesentlich. So erzeugt man heute auf einer Siliziumscheibe vom Durchmesser eines Markstückes mehrere hundert integrierte Schaltungen gleichzeitig. Erst am Schluß schneidet man sie auseinander zu den winzigen kleinen Plättchen, auch Chips genannt, von denen jedes wiederum einige zehntausend Transistoren und andere Bauteile in seiner Schaltung enthalten kann.

Mehrstöckige Schaltungen – vom Computer entworfen

Auch eine integrierte Schaltung benötigt ein Schaltbild, wie man es für andere elektrische Geräte kennt. Viele Einzelheiten in diesem Tausende von Transistoren umfassenden Schaltbild lassen sich von Computern berechnen. – »Nicht zu glauben«, würde Herr Ypsilon sagen. »Ein Computer kann sich einen Computer ausdenken?« – Eine Schaltung von solchem Umfang ist keine Kleinigkeit, aber mit ihr ist die Vorbereitung keineswegs zu Ende. Aus dem Schaltplan muß jetzt ein anderer Plan

entstehen, nämlich der, nach dem das Silizium zu bearbeiten ist, damit zum Schluß die gewünschte integrierte Schaltung entsteht. Auch dabei helfen Computer. Schließlich entwirft man die Schablonen für die Belichtung. Damit sind wir auch schon beim ersten Arbeitsgang von vielen, aus denen schließlich die integrierte Schaltung hervorgeht.
Diese Arbeitsgänge wollen wir nun etwas genauer betrachten. Da gibt es zunächst einmal das Rohmaterial, nämlich die Siliziumscheibe, schön glatt geschliffen und sogar poliert. In dieser Scheibe sollen die Schaltungen entstehen. Damit wir uns nicht die Augen verderben, stellen wir uns eine dieser Schaltungen auf handliches Format vergrößert vor und vergessen für eine Minute, daß sie Tausende von Transistoren und anderen Bauelementen enthält.
Bevor wir nach dem Plan die einzelnen Bauelemente entstehen lassen, müssen wir dafür sorgen, daß sie im Silizium gegeneinander isoliert sind. Wir machen die oberste Schicht der Siliziumscheibe für Strom undurchlässig, indem wir sie unter Sauerstoff oxidieren lassen. Nun wollen wir an den im Plan angegebenen Stellen Löcher durch die Oxidschicht ätzen, um das darunterliegende Silizium weiterbehandeln zu können.
Dabei gehen wir ähnlich vor, wie es auch bei gedruckten Schaltungen üblich ist. Wir überziehen die ganze Scheibe mit einem Fotolack, das ist ein Lack, der unter Lichteinwirkung so hart wird, daß ihm kein Lösungsmittel etwas anhaben kann. Anschließend legen wir die eben erwähnte Schablone über die lackierte Scheibe, die genau die Stellen abdeckt, an denen später die isolierende Schicht durch Ätzen entfernt werden soll. Nun belichten wir den Fotolack durch die Schablone. Er wird an allen belichteten Stellen hart. An den unbelichteten Stellen lösen wir ihn weg.
Geben wir jetzt ein Ätzmittel auf die Scheibe, dann ätzt dieses an den lackfreien Stellen die Isolierschicht durch und legt darunter das unveränderte Silizium frei. Wir sind gewissermaßen im »Kellergeschoß« angelangt. Die freigelegten Stellen können nun so behandelt werden, daß sie die in der Schaltung gewünschten Eigenschaften entwickeln. Es versteht sich, daß hierbei wieder Fotolack, Schablone und Belichtung helfen. Ist

Noch vor dem Zerlegen der Siliziumscheibe werden die integrierten Schaltungen auf ihre Funktionen geprüft. Dazu müssen Kontakte an alle Anschlußstellen einer Schaltung angelegt werden. Diese Mikroskoparbeit ist nur mit Präzisionseinrichtungen möglich. Auf dem Bild sind die winzigen Kontakte des Prüfgerätes zu sehen. Wie Fühler legen sie sich an alle elektrischen »Eingänge«. Dann läuft ein von einem Computer gesteuertes Testprogramm ab, das alle Funktionen der komplizierten Schaltung erprobt.

das Silizium im Kellergeschoß fertig behandelt, dann wird häufig noch ein »erster Stock« angelegt: Man dampft auf das Ganze eine neue Siliziumschicht auf. Sie deckt alles zu, was vorher entstanden ist. Die Techniker nennen das »vergraben«. Nun kann man – wiederum mit Fotolack und Schablone – die neue Schicht ebenfalls nach Wunsch behandeln. Da man weiß, wo darunter schon etwas »vergraben« liegt, kann man die Stoffe, die das Silizium verändern, auch bis in die »Gräber« hinein wirken und so eine Verbindung von unten zur Oberfläche, vom Keller zum ersten Stock, entstehen lassen.

Auch die Verbindungen zwischen den nun zu Transistoren und anderen Bauelementen verwandelten Stellen werden mit Fotolack und Schablonen geschaffen. Wo die verbindenden Leitbahnen hin sollen, wird der Fotolack von der Schablone beim Belichten abgedeckt und anschließend entfernt, damit eine Behandlung mit Gasen diese Teile der Siliziumscheibe leitend machen kann. Sieht der Schaltplan vor, daß sich zwei Leitungen kreuzen, ohne daß sie sich berühren dürfen, dann wird eine von ihnen einfach »ein Stockwerk tiefer« gelegt, darüber kommt eine Schicht von isolierend gemachtem Silizium und erst auf diese die zweite Leitbahn aus leitend gemachtem Silizium.

Schließlich müssen noch die Anschlüsse an der Oberfläche angebracht werden, und die integrierte Schaltung ist fertig. Nehmen wir jetzt das Supervergrößerungsglas weg, unter dem wir diese Schaltung die ganze Zeit betrachteten, dann schrumpft sie zu einem nur millimetergroßen Viereck neben hundert anderen auf der markstückgroßen Siliziumscheibe zusammen, und wir können keine Einzelheiten mehr erkennen. Unmöglich, die Transistoren nachzuzählen – auch wenn sie nicht »vergraben« wären.

Eine Zentraleinheit mit Namen Mikroprozessor

Integrierte Schaltungen erfüllen die verschiedensten Zwecke. Uns interessiert besonders, welche Aufgaben sie in der Computertechnik übernehmen können. Das sind vor allem zwei: die der Zentraleinheit und die des Arbeitsspeichers. Denn auch Speicher lassen sich auf so winzigem Raum im Silizium erzeugen. Für eine integrierte Schaltung, die die Aufgabe einer Zentraleinheit übernehmen kann, hat sich die Bezeichnung »Mikroprozessor« eingebürgert. Einen in integrierter Technik ausgeführten Speicher nennt man meist »Halbleiterspeicher«; als Halbleiter bezeichnet man wegen ihrer elektrischen Eigenschaften solche Materialien wie Silizium. Halbleiterspeicher sind in der Regel so gebaut, wie es für einen Arbeitsspeicher erforderlich ist: Als Matrixspeicher, bei denen sich jede Speicherzelle direkt adressieren läßt.

Bei einem modernen Computer enthält also die Zentraleinheit einen Mikroprozessor, und der Arbeitsspeicher ist ein Halbleiterspeicher. Da aber Mikroprozessor und Halbleiterspeicher nicht mehr so teuer sind wie ihre schwerfälligen Vorfahren, überlegten sich die Computerkonstrukteure, ob man sie nicht auch an anderer Stelle im Computer verwenden kann. Sie fragten: Muß denn alles, was zu einer Datenverarbeitungsanlage gehört, von der einen Zentraleinheit allein gesteuert werden? Ein Dutzend Datensichtgeräte mit ihren Tastaturen und Bildschirmen, ein paar Magnetschichtspeicher und zwei, drei Drucker, dazu vielleicht noch eine Verbindungseinrichtung zu einem anderen Computer – das alles zu steuern, ist wirklich viel Arbeit für eine Zentraleinheit.

Deshalb finden wir heute in vielen dieser Geräte eigene Mikroprozessoren, die für jene Funktionen zuständig sind, die die große Zentraleinheit nicht im einzelnen interessieren. Die Zentraleinheit gibt diesen Prozessoren zwar Aufgaben, aber die lösen sie wie selbständige kleine Computer und melden dann nur die Ergebnisse ihrer Arbeit an die Zentrale.

Werfen wir noch einen Blick auf die außerhalb von Datenverarbeitungs-Computern liegenden Anwendungsgebiete von integrierten Schaltungen.

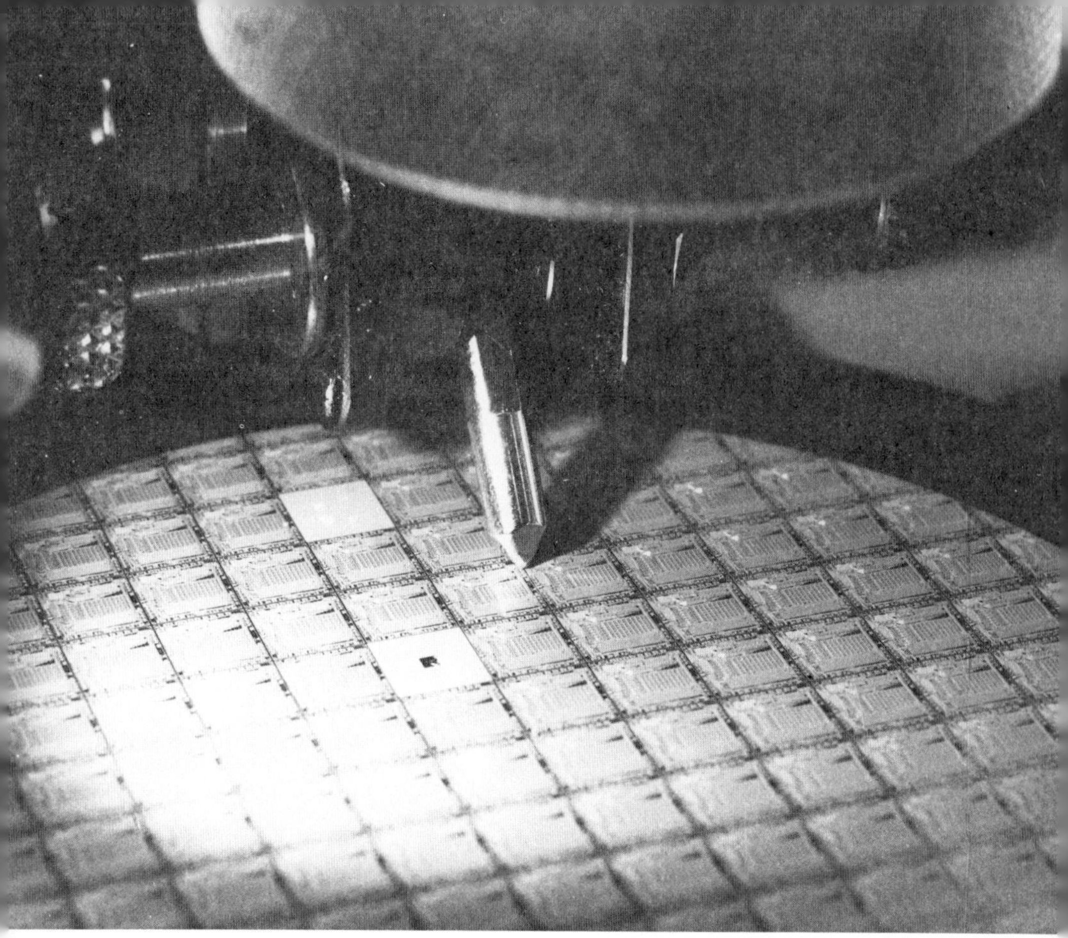

Ein Diamant schneidet die fertigen integrierten Schaltungen auseinander. Das ist der letzte Schritt des Herstellprozesses. Da die Prüfung der einzelnen Schaltungen schon vorher erfolgte, können die defekten gleich ausgesondert werden. Reparieren wäre unmöglich.

Ein Mikroprozessor ohne Programm ist nicht mehr als eine Zentraleinheit ohne Programm, nämlich ein Arbeitsloser, der nicht weiß, was er tun soll. Nehmen wir einen einfachen Mikroprozessor und geben ihm einen ganz kleinen Speicher mit einem Programm für alle vier Rechenarten und das Wurzelziehen, schließen wir noch eine kleine Tastatur zum Eingeben der Aufgaben an und ein kleines Ziffernfenster zum Anzeigen der Ergeb-

So winzig die integrierten Schaltungen selbst sind – sie benötigen wenigstens »handliche« Anschlüsse. Dieses Bild zeigt, wie an die Kontakte einer Schaltung (also an ihre Eingänge und Ausgänge) die nötigen Anschlußdrähte gelötet werden (Mitte). Die rechte Schaltung ist schon fertig.

nisse, dann haben wir einen Taschenrechner. Statten wir ihn mit einem elektrischen Belichtungsmesser aus und mit einer Einrichtung zum Steuern von Blende und Belichtungszeit, so können wir ihn in eine Schmalfilmkamera einbauen. Geben wir ihm ein Programm zum Verarbeiten von elektrisch gemeldeten Drehzahlen, Druckwerten und anderen technischen Daten, dann haben wir einen Autocomputer.

Überall, wo es etwas zu messen und etwas einzustellen gibt, können sich Mikroprozessoren nützlich machen. Bei elektrischen Hausgeräten ebenso wie bei den großen Produktionsanlagen der Industrie; bei Verkehrssignalsystemen ebenso wie bei Raketen. – Wie sagte der Lehrer? Weltveränderer. In die technische Welt ist er schon weit eingedrungen. Wieviel wird er sich noch erobern? Und wie wird das die übrige Welt verändern? Welche Folgen wird es für uns haben?

Die Fotodiode liest schwarz auf weiß

Ob jener Mann, der als erster ein bißchen Licht in ein bißchen Strom umwandelte, auch nur die geringste Ahnung davon hatte, was alles aus seiner Erfindung entstehen würde? Freilich sind zu jener ersten Idee hundert neue gekommen, die Technik wurde vollkommener – aber selbst als die erste Lichtschranke für eine Aufzugtür die Leute in Erstaunen versetzte, konnte sich wohl noch niemand vorstellen, daß eines Tages nach dem gleichen Prinzip ein Computer ein ganzes Buch lesen würde.
Wir erinnern uns noch, wie Herr Ypsilon den Aufzug überlistete, indem er den Lichtstrahl an der Tür unterbrach. Wir haben erfahren, wie die Löcher in einem Lochstreifen mit einem Lichtstrahl »abgetastet« werden. In beiden Fällen war die Fotodiode im Spiel, der Schalter, der auf Licht reagiert. Die Fotodiode leitet Strom nur dann, wenn sie von Licht getroffen wird. Sitzt sie im Dunkeln, dann läßt sie das Leiten bleiben; sie wird zum Widerstand.
Beim Lochstreifenabtaster fiel das Licht, das die Diode leitend macht,

Bei dieser Vergrößerung, die die Rillen eines Daumens schon riesig erscheinen läßt, sind die Einzelheiten der Schaltung in dem daraufgelegten Siliziumplättchen noch längst nicht zu erkennen. Das Plättchen hat eine Fläche von etwa 30 Quadratmillimetern und enthält einen Halbleiterspeicher für 64 000 Bits. Das Fassungsvermögen dieses Speichers entspricht etwa dem von sechs Schreibmaschinenseiten. Zu diesem Zweck sind im Silizium etwa 150 000 Halbleiter, Transistoren, Widerstände und Kondensatoren untergebracht. Das folgende Foto (S. 129) zeigt, wieviel Platz die gleiche Menge an einzeln hergestellten Transistoren – auch diese schon sehr klein – brauchen würde.

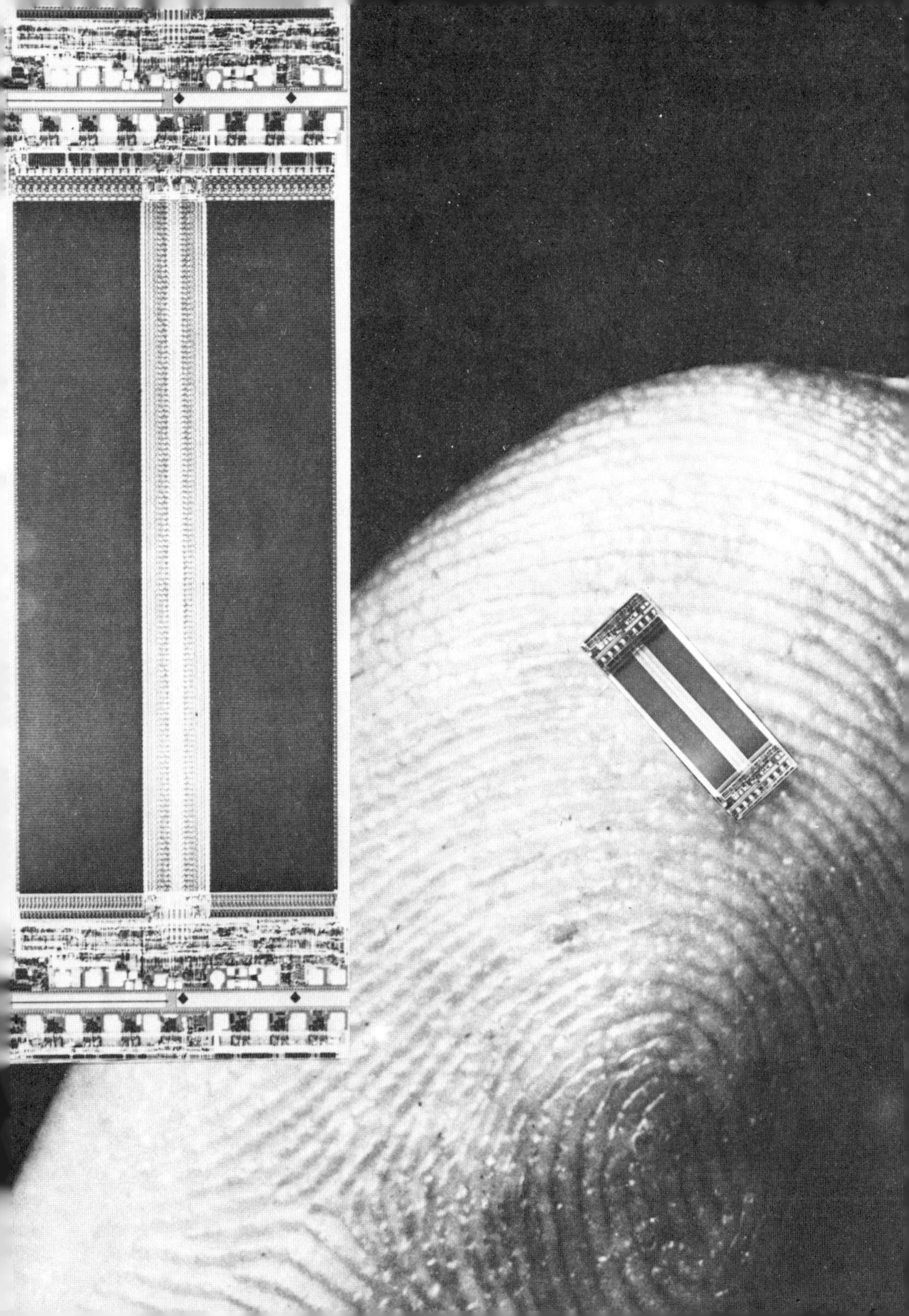

durch ein Loch im Streifen. Das war einfach und entsprach noch weitgehend der ursprünglichen Erfindung, mit der ein Lichtstrahl in Strom umgesetzt wurde. Nun lag die Frage nahe: Muß es unbedingt ein Loch in einem Lochstreifen sein? Brauchen wir immer ein Fenster in einem undurchsichtigen Material?

»Keinesfalls«, sagten die Forscher im Labor, »unsere Fotodioden sind sehr empfindlich, sie sprechen auch auf reflektiertes Licht an – etwa auf das Licht, das eine beleuchtete weiße Papierfläche zurückwirft. Wir brauchen nur einen deutlichen Unterschied zwischen ›hell‹ und ›dunkel‹.«

»Also zwischen schwarz und weiß?«

»Richtig! Weiß auf schwarz oder schwarz auf weiß.«

Möglich, daß der Mann, der diese Antwort gab, nachdenklich wurde . . . Schwarz auf weiß sagen wir, wenn wir von Buchstaben und Zahlen auf Papier, von Schriften auf Urkunden, von Gedrucktem in Büchern sprechen. Erfinder und Entwickler müssen Phantasie haben. Vielleicht ahnte der Mann, der mit der Fotodiode experimentierte: Dieses kleine Ding wird einmal das entscheidende Bauteil in »lesenden Maschinen« sein. Aber bis der Computer mit Hilfe der Fotodiode tatsächlich das Lesen lernen konnte, galt es noch viele Hindernisse zu überwinden. Auch teilten sich, wie wir gleich sehen werden, die Wege der Entwicklung.

Hieroglyphen oder Alphabet? – ein Streitgespräch im D-Zug

Es ist nun schon einige Jahre her, daß mir eines Morgens im D-Zug zwei Herren gegenübersaßen, die sich offenbar gerade erst kennengelernt hatten, denn eben sagte einer der beiden: »Wie? Sie entwickeln elektronische Lesegeräte? Das ist doch auch mein Beruf!« »Wirklich?«

»Ich konstruiere einen Klarschriftleser. Er soll eines Tages gedruckte Schrift, Schreibmaschinenschrift und handgeschriebene Blockschrift erkennen können.«

150.000
Transistoren

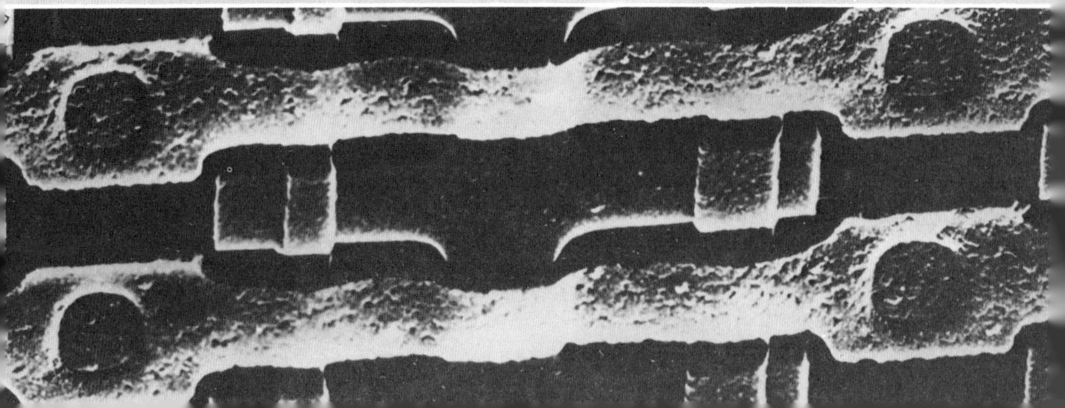

»Diese Idee, lieber Herr Kollege, haben wir in unserem Laboratorium ganz verworfen.«
»Und warum, wenn ich fragen darf?«
»Zu umständlich, zu teuer – eigentlich nicht sehr nützlich.«
»Sooo . . .? Nun bin ich aber gespannt, was in Ihren Augen nützlicher, billiger und weniger umständlich ist als ein Klarschriftleser.«
»Höchst einfach: ein Strichcodeleser.«
»Wissen Sie, wie wir Ihre Strichcodeleser nennen? Hieroglyphenleser!«
»Hiero . . .?«
»Oder wollen Sie behaupten, Strichcodezeichen seien etwas Besseres als moderne Hieroglyphen, nämlich eine jedem normalen Zeitgenossen völlig unverständliche Strichelei?«
»Aber sehr verständlich für den Strichcodeleser.«
»Verehrter Herr Kollege, wir wollen uns doch nichts vormachen. Hier geht die Technik den verkehrten Weg. Sollen alle Leute lernen, diese komische Computerschrift, diese Strichcodes, zu lesen? Das wäre doch entwürdigend! Nein, der Computer soll lernen, nicht wir. Er soll lernen, unsere normalen Schriften zu lesen.«
»Graue Theorie! Warum sollen Computer alles lesen können wie ein Mensch? Diese kompliziert geformten Buchstaben! Die vielen unterschiedlichen Schriftarten, verschiedenen Schriftgrößen, wechselnden Strichstärken . . .«

(S. 129:) Der kleine rechteckige Gegenstand, den dieser Junge in der Hand hält, ist ein Halbleiterspeicher für 64 000 Bits. Der Speicher selbst ist noch winziger, wie das vorhergehende Foto zeigt. Damit man ihn überhaupt anfassen und einbauen kann, wird er wie hier in einen Rahmen eingesetzt. Rund 150 000 Bauelemente sind in einem solchen Speicher enthalten. Eine Vorstellung von dieser Menge soll der große Sack daneben vermitteln, in den ebensoviele einzeln hergestellte Transistoren gefüllt wurden.

Im linken Bild ist oben ein Mikroprozessor zu sehen, der ungefähr 5000 Transistoren enthält. In Originalgröße mißt er 4 mal 5 Millimeter. Darunter die Vergrößerung einiger Speicherelemente (für je ein Bit) eines Halbleiterspeichers. Ein solches Element ist 17 mal 24 Tausendstel Millimeter groß. Der Ausschnitt stammt aus einem Speicher für 16 000 Bits.

»Nur eine Frage der Zeit, bis wir geeignete Lesegeräte dafür konstruiert haben.«
»Für die meisten Probleme brauchen wir doch diese vielseitigen, aber höchst komplizierten Lesegeräte gar nicht. Da reicht es aus, wenn der Computer Zahlen lesen kann. Wenn ich ein Strichcode-Lesegerät für Zahlen sehr preiswert bekomme, dann ist mir auch der Strichcode recht.«
Als ich mich in ihr Gespräch einmischte, versuchte jeder, mich von seiner Ansicht zu überzeugen. Ich wollte nicht unhöflich sein und stimmte teils der Strichcodepartei, teils der Klarschriftpartei zu. Beim Verabschieden reichten sie mir ihre Visitenkarten: Dr. Schwarz, Labor für Strichcodeleser, und Dr. Weiß, Labor für Klarschriftleser. Jeder sagte: »Besuchen Sie mich doch einmal in meinem Laboratorium.«
Das habe ich einige Zeit darauf getan.

Strichcode-Steckbriefe an allen Artikeln

Mein erster Besuch galt Dr. Schwarz und seinem Strichcodeleser. Er zeigte mir Blätter, bedeckt mit eigenartigen Strichreihen, wie sie heute auf vielen Waren zu sehen sind: teils auf die Verpackung gedruckt, teils auf einem Klebeetikett enthalten. Dann gab er mir einen Stift in die Hand, eine Art Kugelschreiber; aber anstelle der Mine befand sich vorn an der Spitze eine kleine Öffnung, während aus dem hinteren Ende eine Leitung zu einem Gerät mit einem Bildschirm führte.
»Das ist ein Lesestift«, sagte Dr. Schwarz. »Fahren Sie einmal mit seiner Spitze über diese Strichreihe.«
Ich setzte den Stift sorgfältig vor dem ersten Strich auf das Papier und zog ihn über die ganze Reihe, als wollte ich sie durchstreichen. Kaum hatte ich das getan, piepste aus dem Gerät ein Signal.
»Dieser Ton kommt immer, wenn unser Lesegerät das Zeichen verstanden hat.«
Ich konnte mich am Bildschirm selbst überzeugen, daß der Lesestift die

Schon mancher hat sich den Kopf darüber zerbrochen, was wohl die Reihen aus unregelmäßig dicken Strichen bedeuten, die man auf vielen Waren und Etiketten sieht. Mit bloßem Auge ist der Strichcode nicht zu entschlüsseln. Etwas Licht in die Sache soll das linke Bild bringen. Es zeigt gleichgroße »Balken«, die teils schwarz, teils weiß sind. Diese beiden Farben kann man den Binärziffern Null und Eins gleichsetzen. Es handelt sich hier also um einen normalen binären Code. Rückt man nun die (hier vergrößert wiedergegebenen) Balken dicht zusammen, so daß ihre Grenzen verschwinden (mittleres Bild), dann entstehen die unregelmäßig breiten Striche, die wir auf dem Strichcode-Etikett sehen.

auf dem Papierbogen in Strichreihen verschlüsselten Zahlen richtig erkannte. Dann schraubten wir die Lesestiftspitze ab. Hinter einer Linse kamen eine winzige Lampe zum Beleuchten der Striche zum Vorschein und die Fotodiode, die jedesmal den Stromfluß sperrte, wenn der Stift über einen der schwarzen Codestriche glitt. Die Aufgabe des Lesestiftes war es also, die auf das Papier gedruckte Strichfolge in eine genau gleiche Folge von Stromunterbrechungen zu verwandeln oder, umgekehrt betrachtet, die weißen Zwischenräume zwischen den Strichen in eine Folge von Stromstößen.

Nun erklärte mir Dr. Schwarz die Bedeutung der Striche. Deutlich sah ich, daß Striche und Zwischenräume unterschiedlich breit waren; so mußten auch die Stromstöße, die der Lesestift lieferte, unterschiedlich lang sein.

»Dieses Gerät macht aus den Lichtstiftsignalen die im Computer üblichen Binärzeichen. Alles andere geht dann wie auch sonst beim Eingeben von Ziffern in einen Computer.«

Dr. Schwarz zeigte mir nun viele Beispiele von in Strichcode verschlüsselten Zahlen.

»Eine Strichreihe darf nicht zu lang sein«, erklärte er. »Der von Hand geführte Lesestift muß in einem Zug darübergleiten können. Setzt man zwischendurch ab, so macht man das Lesegerät irr und es meldet einen Fehler.«

Er zeigte mir auch, daß man den Stift schnell oder langsam, vorwärts oder rückwärts über die Striche führen konnte und dennoch ein richtiges Leseergebnis bekam. Außerdem zeigte er mir ein Gerät mit einem Fenster, hinter dem eine Fotodiode fest eingebaut war. Schob man ein

Nicht größer als ein Schlüssel ist dieser Mikroprozessor, die Zentraleinheit im Bordcomputer eines Autos. Er wandelt Meßwerte, die an vielen Stellen im Auto während der Fahrt gewonnen werden, in Bits um und überprüft oder verarbeitet sie. Mit Hilfe dieser Daten meldet er zum Beispiel dem Fahrer zu hohe Geschwindigkeit, errechnet Durchschnittstempo und durchschnittlichen Benzinverbrauch, die Reichweite der noch vorhandenen Tankfüllung, die voraussichtliche Ankunft am Zielort und manches Interessante mehr.

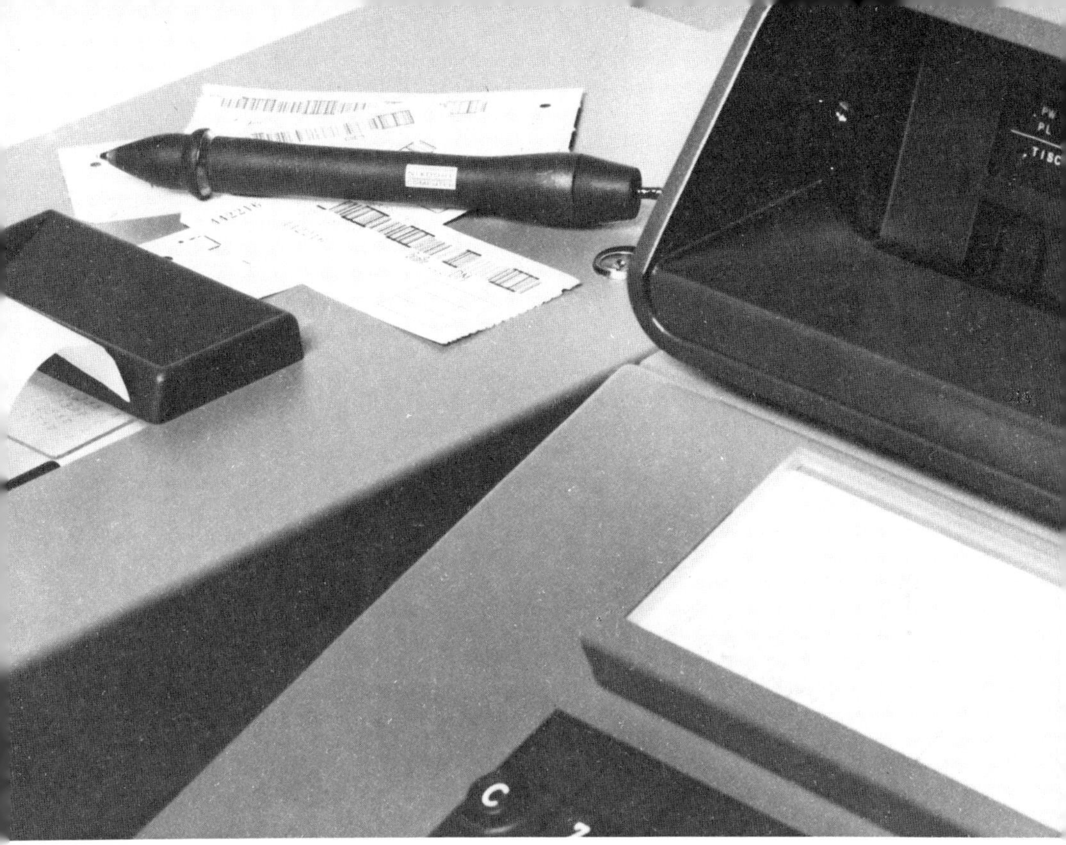

Strichcodeleser und Strichcodeetiketten machen die Dateneingabe bequem und sicher. Hier ist eine Ladenkasse abgebildet, in die die Kassiererin keinen Preis mehr eintippen muß. Sie führt den Strichcode-Lesestift (links oben) über das an der Ware angebrachte Schild mit dem Strichcode (auf unserem Bild unter dem Stift). Daraufhin wird das in den Strichen Codierte zur Kontrolle auf dem Bildschirm (rechts oben) angezeigt und gleichzeitig auf den Kassenzettel (links am Rand) gedruckt. Außerdem erfaßt der Computer die gelesenen Daten für die spätere Abrechnung der Kasseneinnahmen und der ausgelieferten Waren. Die Angaben auf Bildschirm oder Kassenzettel können aber auch anhand der Strichcode-Eingaben vom Computer ergänzt und erweitert werden.

Strichcode-Blatt oder einen Gegenstand mit einem Strichcode-Etikett über dieses Fenster, so gab es den gleichen Piepston wie beim Lesestift und die gelesenen Zahlen erschienen ebenfalls auf dem Bildschirm.
»Ist das nicht beeindruckend?« fragte Dr. Schwarz. »Ob der Strichcode

auf ein Blatt Papier oder auf eine Kaffeedose gedruckt ist, ob er als Etikett an einer meterhohen Kiste oder an einem kleinen Bleistiftspitzer klebt – immer kann eine Verkäuferin mit ihrem Lichtstift darüber fahren und hat mit dieser kurzen Bewegung dem Computer gemeldet: Hier handelt es sich um den Artikel einszweidrei zum Preis von fünfundzwanzig Mark achtzig. Und wenn es sein muß, kann der Strichcode noch mehr angeben: daß drei Kilo in der Packung sind oder daß sie vom Lieferanten sechzehn geliefert wurde zum Beispiel. Die Kassiererin selbst – oder auch der Mann im Lager, der auf diese Weise neu eingetroffene Ware dem Computer meldet – muß diese Einzelheiten gar nicht wissen.
Was solch automatisches Erfassen von Warendaten beispielsweise für ein Handelsunternehmen bedeutet, das jeden Abend feststellen möchte, wieviel Geld in den Kassen ist, wieviel Stück von jedem Artikel verkauft wurden, was nachbestellt werden muß und so weiter . . .«
Natürlich verstand ich das. Und daß er recht hatte, beweisen die vielen Geschäfte, die inzwischen ihre Kassiererinnen mit Computerkassen und den kleinen Lesestiften ausgerüstet haben. Wer es noch nicht sah, hat doch zumindest schon mal das Piepsen gehört, wenn die Kasse ihr »verstanden« mitteilt – stimmt's?

Der Computer wird ABC-Schütze – Klarschrift mit besonderen Merkmalen

Einige Wochen später besuchte ich das Laboratorium, in dem Dr. Weiß, mein anderer D-Zug-Bekannter, an einem Klarschriftleser arbeitete.
»Wie ist es einem Computer möglich«, fragte ich ihn, »ein normales Schriftzeichen zu erkennen, wenn er doch sonst nur zwei Binärzeichen unterscheiden kann?«
Dr. Weiß zog auf einem karierten Blatt einen Rahmen. In den zeichnete er ein schönes großes »E«. Die Balken des Buchstabens paßten genau in die Kästchen hinein.

»Sie haben mir doch von dem Lesestift erzählt, den Sie neulich bei meinem Kollegen Schwarz sahen«, begann er seine Erklärung. »Stellen Sie sich vor, daß Sie mit einem solchen Stift Zeile für Zeile diese Kästchen abfahren und die eingebaute Fotodiode meldet dem Computer: ›Erste Zeile – fünfmal dunkel, einmal hell, Zweite Zeile – einmal dunkel, fünfmal hell‹, und so fort bis zur achten Zeile.

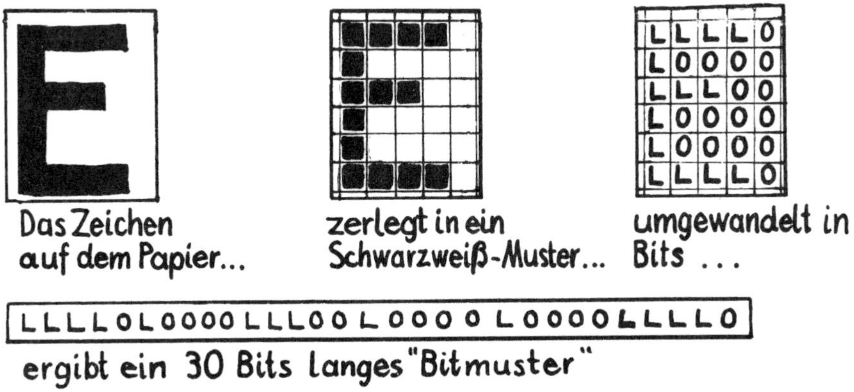

Der Weg vom gedruckten Zeichen zum »Bitmuster«, also der Bitreihe, in der der Computer das Zeichen »wiedererkennt«.

So etwas nennt man Bildabtastung. Die Meldungen der Fotodiode gehen in Form von Stromstößen an den Computer, wie wir das vom Lochstreifenabtaster her kennen. Beim Lochstreifenabtaster bedeuten die Meldungen ›Loch‹ oder ›Kein Loch‹, beim Bildabtaster bedeuten sie ›Hell‹ oder ›Dunkel‹. Die Folge der von der Schriftleserdiode gesendeten Stromstöße speichert der Computer zum Beispiel so, daß er für jedes helle Kästchen eine binäre Null in seinen Speicher schreibt, für jedes dunkle Kästchen eine binäre Eins. Das Ergebnis der Abtastung dieses Buchstabens E ist also im Speicher eine Folge von 48 Bitstellen, die teils binäre Nullen, teils binäre Einsen enthalten. Man nennt eine solche Folge auch Bitmuster. Der Buchstabe E ergibt demnach beim Abtasten ein ganz bestimmtes Bitmuster. Das hat der Computer zwar jetzt gespeichert, aber er weiß noch nicht, welcher Buchstabe da gelesen wurde.«

»Er braucht ein Verzeichnis, in dem die Bitmuster aller Buchstaben enthalten sind!« fiel ich ihm ins Wort.
»Das braucht er. Er bekommt ein Zeichenerkennungsprogramm, das über gespeicherte Bitmuster sämtlicher Buchstaben und Ziffern verfügt . . .«
»Und anhand des Erkennungsprogramms vergleicht der Computer das von der Fotodiode gelieferte Bitmuster erst mit dem A-Muster, dann mit dem B-Muster . . .«
»Bis schließlich der Vergleich mit dem E-Muster Übereinstimmung ergibt«, beendete Dr. Weiß den Satz.
»Das ist ein gutes Beispiel für die Anwendung von Vergleichsbefehlen, ich werde es in meinem Computerbuch erwähnen«, sagte ich. »Und was Sie über das Lesen und Erkennen von Zeichen erzählt haben, schreibe ich natürlich auch.«
»Da würden Sie Ihre Leser aber schlecht informieren«, meinte Dr. Weiß.
»Wieso? Stimmt denn nicht, was Sie sagten?«
»Ich erläuterte Ihnen den Grundgedanken der Zeichenabtastung. In Wirklichkeit ist dieses Verfahren nicht sicher genug. Es setzt auch voraus, daß ein Zeichen genau in die abgetasteten Kästchen eingepaßt wird, wie ich es aufzeichnete. Das ist in der Praxis kaum erreichbar.
Deshalb gehen wir einen anderen Weg, der im Prinzip sogar einfacher ist: Wir tasten nicht das ganze Bild ab, sondern nur bestimmte Stellen, an denen sich die ›besonderen Merkmale‹ der einzelnen Zeichen befinden.«
»Wollen Sie damit sagen, daß Sie eine Ziffer, beispielsweise die Ziffer Eins, an einem besonderen Merkmal erkennen können, ohne das ganze Zeichen zu sehen?«
»Natürlich! Wenn Sie mich von der Eins nur die oberste Spitze sehen lassen, dann weiß ich: Eine solche Spitze kommt bei keiner anderen Ziffer vor; nur bei der Eins.«
»Vorausgesetzt, die Eins wurde sauber geschrieben oder gedruckt, steht nicht schief und ihre Spitze ist deutlich erkennbar!«
»Ganz recht«, bestätigte Dr. Weiß. »Solche Erkennungmethoden setzen voraus, daß die Form der Ziffern oder Buchstaben ganz exakt eingehalten

wird. Deshalb müssen diese Zeichen gedruckt oder mit Schreibmaschine geschrieben sein.«

»Also eine genormte Schrift?«

»Ja, wir gingen noch einen Schritt weiter. Um der Maschine das Erkennen zu erleichtern, haben wir uns Schriftzeichen ausgedacht, welche die ›besonderen Merkmale‹ für das Schriftlesegerät besonders gut zeigen. Bedenken Sie, daß auch gedruckte Schriften einmal beschmutzt oder beschädigt sein können – dann sollen diese Merkmale immer noch verhindern, daß das Lesegerät eine undeutliche 8 für eine 6 oder eine 3 hält. Aber nun wollen wir das einmal ausprobieren.«

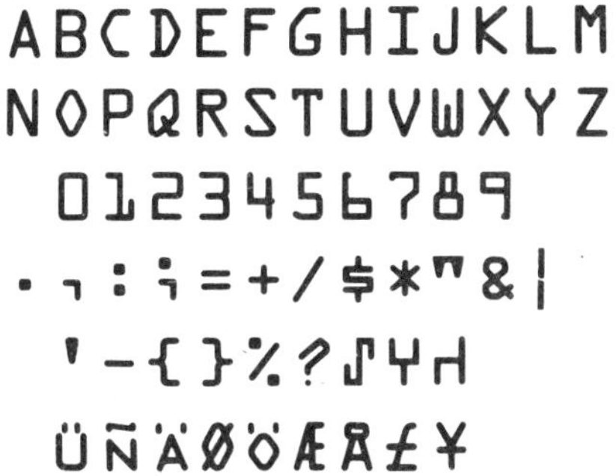

Der »Zeichenvorrat« der computerlesbaren OCR-Schrift. OCR bedeutet »optical character recognition«, also optische Zeichenerkennung. Die eigentümliche Form der Zeichen soll das Erkennen vereinfachen und sicherer machen.

Er ging zu einer Schreibmaschine und spannte einen Bogen ein.

»Diese Maschine hat die Typen unserer computerlesbaren Schrift. Bitte tippen Sie einmal auf das Papier, was Ihnen gerade einfällt. Dann wollen wir sehen, ob der schriftlesende Computer etwas damit anfangen kann.«

Ich setzte mich und schrieb:

LIEBER COMPUTER, ICH BIN SEHR NEU-
GIERIG, OB DU DIESE WÖRTER UND DIE
ZIFFERN 97531 LESEN KANNST.

Schon hatte Dr. Weiß das Blatt in einen Schlitz des mit dem Computer verbundenen Lesegerätes geschoben. Er drückte eine grüne Taste, da

erschien mein Text Buchstabe nach Buchstabe auf dem Bildschirm, nicht einmal der Punkt am Schluß fehlte. Das Lesegerät hatte die Schrift richtig erkannt und der Computer alle vom Gerät gelieferten Binärmuster wieder in die ursprünglichen Buchstaben und Ziffern verwandelt.
»Nun noch einmal mit einer Korrektur«, sagte Dr. Weiß, nahm einen Bleistift und machte einen Strich durch das »C« des Wortes »Computer«. Erneut begann der Computer, den Text auf den Bildschirm zu schreiben, doch nach dem Wort »Lieber« erschien nichts mehr. Dafür hörte ich einen Summton und sah auf einem kleinen Schirm, direkt am Lesegerät, das von Dr. Weiß mit einem Strich verunstaltete »C« flimmern.
»Das Lesegerät kennt dieses Zeichen nicht. Deshalb liest es nicht weiter, sondern erwartet von uns, daß wir ihm mitteilen, was es jetzt tun soll. Ich will ihm sagen, daß hier der Buchstabe »C« stehen sollte, dann wird das Gerät weiterlesen.«
Dr. Weiß tippte die Korrektur in eine Tastatur und sofort lief der Text ein zweites Mal vollständig über den Bildschirm.

Dieses handliche Gerät »erkennt« die weitverbreitete computerlesbare Schrift OCR. Eingebaute Fotodioden setzen die Schwarz-Weiß-Unterschiede in Serien von Bits um. Beim Entwickeln von solchen Lesegeräten, die »freihändig« geführt werden, ist eines der schwierigsten Probleme, die Erkennung auch bei »Fehlhaltungen« noch sicherzustellen. Verkanten und Schrägstellung des Geräts müssen innerhalb gewisser Grenzen möglich sein, ohne daß es gleich zu Lesefehlern kommt.

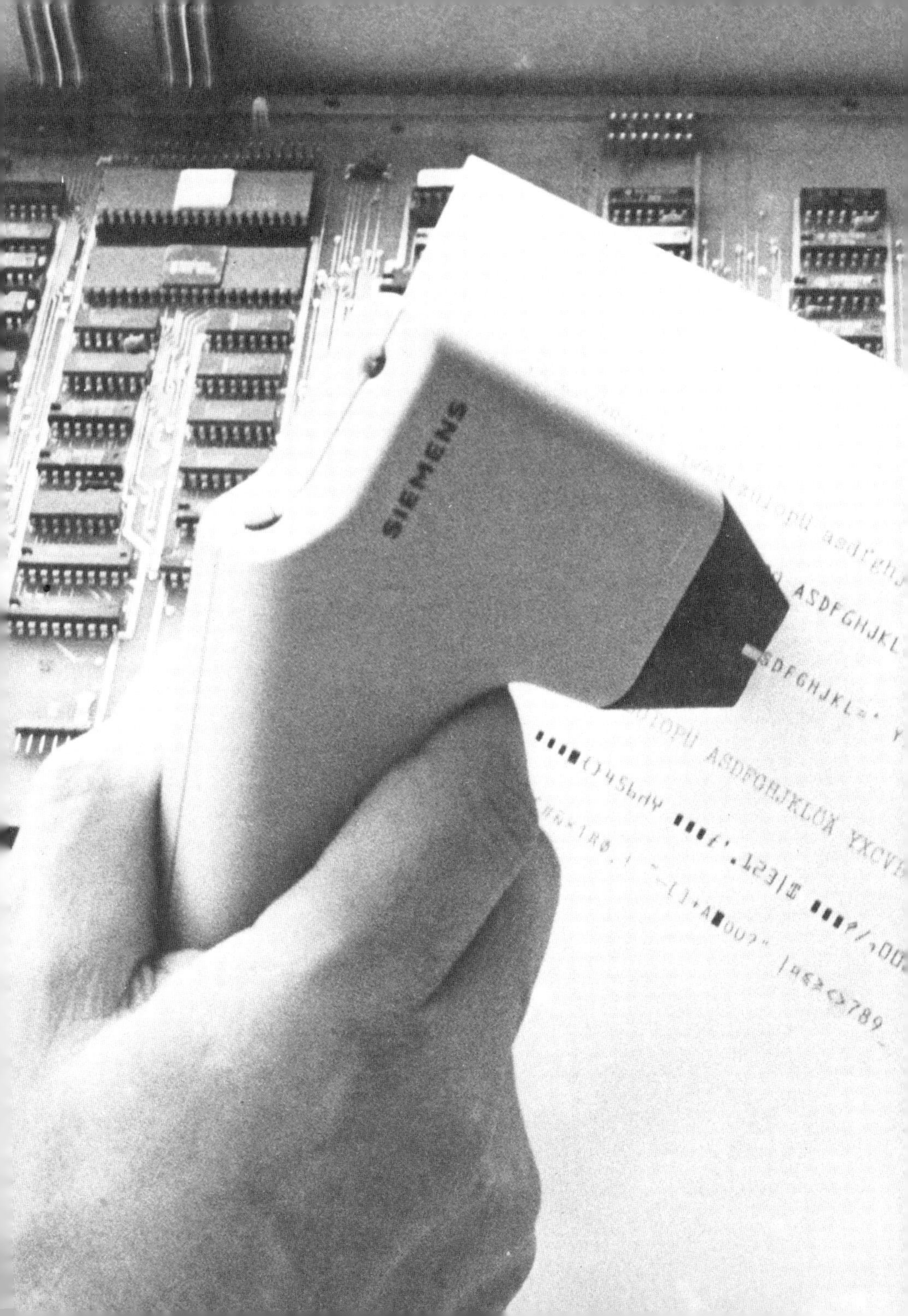
SIEMENS

Muß ein Computer Bücher wälzen? Soll er Handschrift lesen lernen?

Heute leben Strichcodes und computerlesbare Klarschrift friedlich nebeneinander. Jedes Verfahren hat sein eigenes Aufgabengebiet. Klarschrift ist erforderlich, wenn Zahlen oder Texte nicht nur für den Computer, sondern auch für das menschliche Auge lesbar sein müssen. Zum Beispiel auf einem computerlesbaren Scheck. Wo jedoch einzig dem Computer Informationen zu liefern sind, reicht das billigere Strichcodeverfahren.

Manchmal hört man: »Ein Computer kann ganze Bücher lesen.« Ist das möglich? – Wenn diese Bücher mit einer computerlesbaren Schrift gedruckt wurden, ohne weiteres. Aber da kommt schon ein neues Problem: Dem Klarschriftleser lose Seiten zum Lesen zuführen, ist nicht schwierig. Er holt sie sich von einem Stapel sogar Blatt für Blatt selbst. Doch wer blättert die Buchseiten um? Wir wollen deshalb solche Behauptungen, wie »liest Bücher«, nicht zu wörtlich nehmen.

Auch müssen wir stets Experiment und endgültige technische Verwirklichung auseinanderhalten. Viele computerlesbaren Schriften wurden erprobt. Für viele Schriftarten wurden Leseverfahren erdacht. Doch nur ganz wenige sind in Gebrauch. Letzten Endes entscheidet über die Verwirklichung einer Idee der zu erwartende Nutzen. Maßgebend ist, ob das Erdachte gebraucht wird, und zwar von vielen gebraucht wird. Nur dann gibt ein Computerhersteller die riesigen Summen aus, die das Entwickeln eines neuen Verfahrens, einer neuen Technik, kostet. So mancher Erfinder mußte seine geniale Idee wieder begraben, weil der Computerhersteller, dem er sie anbot, sagte: »Großartig ausgedacht! Kompliment! Aber leider kein Geschäft damit zu machen.«

Das gilt auch für das Lesen von Schriften durch Computer. Es wurden zum Beispiel raffinierte Methoden zum Erkennen von mit der Hand geschriebenen Schriften entwickelt. Ja, es gibt sogar Programme, mit denen ein Computer die Handschrift einer bestimmten Person »Lesen lernen« kann: Eine komplizierte Abtasteinrichtung erkundet das von Hand geschriebene »Schriftmuster«, setzt es in ein »Binärmuster« um und

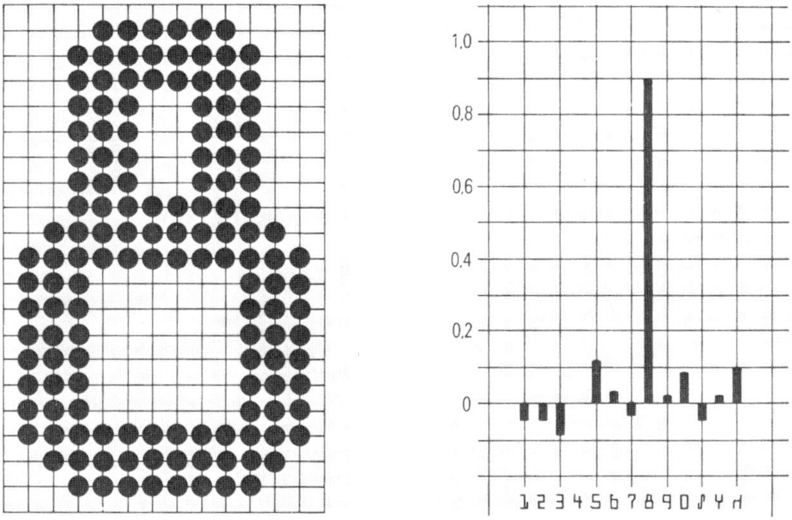

Schrifterkennungsgeräte lösen die zu erkennenden Zeichen – hier eine 8 in der Computerschrift OCR – in viele Bits mit der Bedeutung »Weiß« oder »Schwarz« auf. Das Erkennungsergebnis spricht nicht immer hundertprozentig für eine bestimmte gelesene Ziffer. Der Computer errechnet deshalb für jedes gelesene Zeichen, mit welcher Wahrscheinlichkeit es eine 1, eine 2, eine 3 usw. sein könnte. Im rechten Bild sehen wir das Ergebnis für die gelesene 8. Es spricht zu 90% tatsächlich für diese Ziffer, während die Wahrscheinlichkeit, daß eine 5 oder eine 0 auf dem Papier stand, nur 10% ausmacht. Die Ziffern 1 bis 3 scheiden sogar ganz aus.

registriert dazu die gleichzeitig in computerlesbarer Klarschrift angegebene Bedeutung des handschriftlichen Textes.

Doch werden wir denn einmal Computer brauchen, die unsere privaten Briefe und Notizen lesen können?

Andererseits haben wir erlebt, daß die Technik der integrierten Schaltungen die Kosten für Zentraleinheit und Arbeitsspeicher schrumpfen ließ, wie es niemand vorher ahnte. Wenn sich diese Technik des Themas »Handschriftlesen« annimmt, wer weiß, ob dann nicht eines Tages ein Computer zu haben ist, der Sehbehinderten und Blinden Briefe vorliest. Jawohl: vorliest, nämlich die Worte liest und von einer künstlichen Stimme gesprochen ertönen läßt.

Computerwortschatz und Maschinensprache – nur noch im Untergrund bekannt

Ein Computer arbeitet nach Programmen, die man in seinen Speicher gebracht hat. Da er nur die beiden Zeichen »Binär-Null« und »Binär-Eins« unterscheidet, können auch die Befehle des Programms nur aus diesen beiden Binärzeichen gebildet sein. Ob Addierbefehl, ob Vergleichsbefehl, ob Sprungbefehl – immer steckt dahinter eine bestimmte Folge von Binärzeichen.

Die ersten Computer bekamen deshalb ihre Programme als Folgen solcher Binärzeichen eingetrichtert. Der Programmierer dachte sich sein Programm aus und schrieb es zunächst auf Papier: **OOLLOLOLOO, OLLOLLLOLO, LLLOLOOLOO . . .** und so weiter. Das nennt man auch: codieren. Anschließend lochte er die Binärcode-Befehle in

Das Erkennen von Umrissen eines Zeichens oder eines Gegenstandes ist für einen Menschen in der Regel kein Problem. Anders für einen Computer. Solange man seinem Schriftlesegerät korrekt schwarz auf weiß gedruckte Zeichen vorlegt, geht alles gut. Sind jedoch diese Zeichen unscharf wie das U und die 7 auf unserem Bild, dann ist ein »Auffrischungsverfahren« erforderlich, das die richtigen Umrisse und den nötigen Kontrast zwischen Zeichen und Umgebung herstellt, also aus »Grau« einmal »Schwarz« und einmal »Weiß« macht, so daß dem eigentlichen Zeichenerkennungsprogramm ein gewissermaßen »sauber nachgezogenes« Zeichen zur Verfügung gestellt werden kann. Wie ein solches im Lesegerät durchgeführtes Auffrischungsverfahren verhältnismäßig unscharfe Buchstaben oder Ziffern konturenklar macht, läßt sich an den hier abgebildeten drei Auffrischungsstufen gut beobachten. Die kleinen Felder, welche die Zeichen netzartig überziehen, sind die 122 mal 190 Bildpunkte, in die das Gesamtbild vom Lesegerät zerlegt wird und die einzeln »behandelt« werden. Solche Verfahren entwickelt man vor allem für technische Zwecke: In der Industrie arbeitende Computer sollen nicht nur die Umrisse von Buchstaben und Ziffern, sondern auch die von Gegenständen – etwa von Maschinenteilen – konturenscharf sehen und danach die Gegenstände identifizieren können. Im Gegensatz zu Schrift auf Papier hat aber ein körperlicher Gegenstand viele Flächen und stellt sich in unterschiedlichen Helligkeitsabstufungen dar. Erst wenn mit geeigneten Verfahren gewissermaßen der »Schattenriß« des Gegenstandes in den Computer geliefert wird, kann dieser sein Erkennungsprogramm in Gang setzen und zum Beispiel sagen: Das ist der Motorblock XYZ.

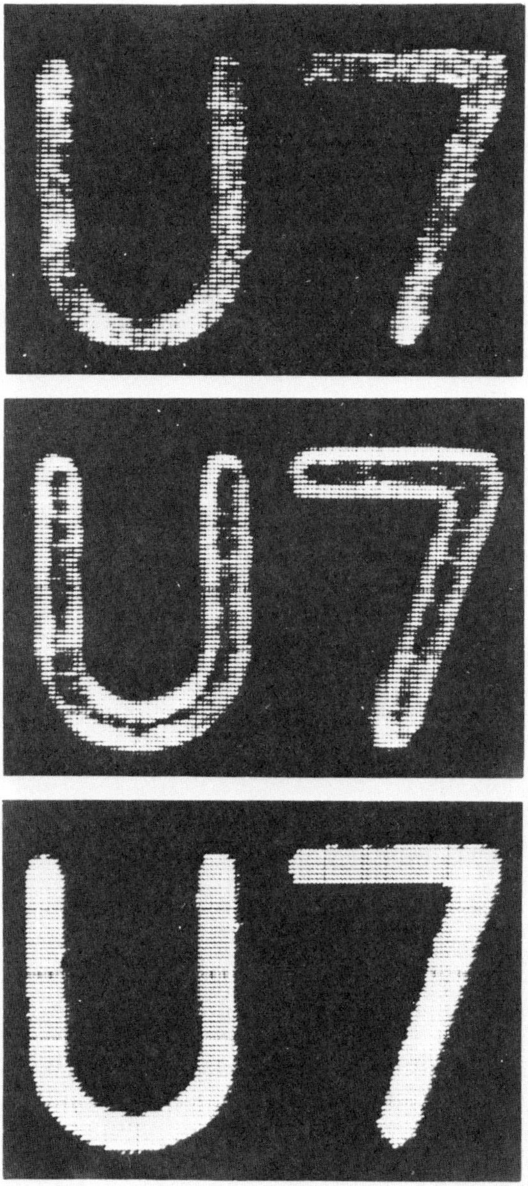
U7
U7
U7

Lochkarten oder Lochstreifen; für jede binäre Eins ein Loch, für die Nullen keins – das kennen wir ja schon. Mit Hilfe eines Abtasters gelangten die Befehle schließlich in den Programmspeicher des Computers.

Einen solchen Code versteht ein Computer unmittelbar. Man nennt ihn Maschinencode. In der Frühzeit des Computers schrieben die Programmierer ihre Programme also in Maschinencode. Das war eine recht umständliche Sache. Man mußte die Codes der drei oder vier Dutzend Befehle im Kopf haben oder ständig in der »Befehlsliste« nachsehen, die alle Befehle mit ihrer binären Codierung verzeichnete. Kein Wunder, daß es den Programmierern bald vor Augen flimmerte angesichts der endlosen Binärzeichenreihen, die sie täglich zu Papier bringen mußten. Wollte nun gar ein anderer ein solches Programm verstehen, dann war er noch viel schlimmer dran. Man kann sich vorstellen, wie mühsam es ist, Programme zu entziffern, wenn sie aus nichts als meterlangen Listen mit Einsen und Nullen bestehen.

»Lassen wir doch den Computer ein bißchen für uns arbeiten«, sagten deshalb einige gewitzte Programmierer, »reden wir einfach künftig deutsch mit ihm. Er möge sich danach seinen Maschinencode selbst machen.«

Und sie schrieben ein Übersetzungsprogramm. Künftig wollten sie dem Computer nicht mehr den Befehl „LLOOLOLO" eingeben, wenn er eine Addition ausführen sollte, sondern einfach die drei Buchstaben „ADD". Sogar Herr Ypsilon würde sofort erraten, daß sich hinter diesen Buchstaben der Befehl „ADDIERE" versteckt.

Der Computer erhielt die Aufgabe, diesen Befehl in seinen Maschinencode für »Addieren« zu übersetzen. Auch für alle anderen Befehle dachte man sich eine jedermann verständliche Buchstabenfolge aus. Dann bildete man eine Liste, die alle diese »Buchstaben«-Befehle sowie den zugehörigen Maschinencode enthielt, und ließ sie vom Computer speichern.

Mit Hilfe einer solchen Liste sowie eines Übersetzungsprogramms ist ein Computer in der Lage, den Befehl „ADD" in den entsprechenden

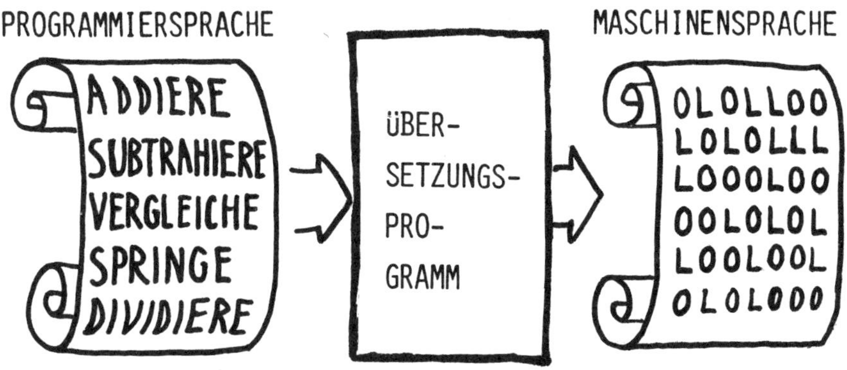

Maschinencode zu übersetzen. Das Übersetzungsprogramm veranlaßt den Computer dazu, jeden eingegebenen Buchstabenbefehl mit den Buchstabenbefehlen seiner Liste zu vergleichen. Ist er dort gefunden, dann liest der Computer den danebenstehenden Maschinencode-Befehl aus der Liste und schreibt ihn in seinem Speicher an die Stelle, wo das neue Programm seinen Platz finden soll.

»Er versteht also jetzt zwei Sprachen?« fragte Herr Ypsilon, als er das erfahren hatte, seinen geduldigen Lehrmeister, Herrn Klar. »Er versteht die Programmiersprache, die der Programmierer verwendet, und seine Maschinensprache, nämlich den Maschinencode?«
»Hm«, machte Klar, »ja und nein. Ja, weil er doch sonst aus der Programmiersprache nicht in die Maschinensprache – den Maschinencode – übersetzen könnte. Nein, weil er nur Befehle ausführen kann, die in Maschinensprache in seinem Speicher verzeichnet sind.«
»Aha! Er beherrscht also die Programmiersprache so gut wie ich – sagen wir mal: Schwedisch, nämlich gar nicht. Ich kann mir aber mit einem Wörterbuch schwedische Wörter in deutsche übersetzen. Die deutschen Wörter haben dann für mich einen Sinn, mit den schwedischen kann ich unmittelbar nichts anfangen.«
»Ganz ähnlich geht der Computer vor: Er übersetzt das ganze ihm in Programmiersprache, also in Form von ›unverständlichen‹ Buchstabenbe-

fehlen, eingegebene Programm und baut sich als Ergebnis ein Maschinencode-Programm, also ein Programm in Maschinensprache, zusammen. Die für ihn als Befehle nicht verständlichen Buchstabenfolgen sind nun in binär codierte Befehle übersetzt und damit für ihn erkennbar und ausführbar geworden.«

Vorfabrizierte Programmteile – mit Makrobefehlen kommandiert

Die Programmierer atmeten auf. Buchstabenbefehle ließen sich leichter lernen. Nun machte das Verfassen von Programmen schon weniger Mühe. Doch inzwischen waren auch die Computer ein bißchen tüchtiger, ihre Speicher ein wenig größer geworden. Die Programmierer bekamen mehr zu tun, stöhnten bereits wieder und überlegten erneut, ob ihnen ihr Computer nicht noch mehr Arbeit abnehmen könne.
»Warum begnügen wir uns mit dieser simplen Übersetzerei Eins zu Eins«, sagten sie und meinten damit, daß sie für jeden Maschinencode-Befehl erst einmal einen Buchstabenbefehl auf ihr Programmblatt schreiben mußten. »Es gibt doch so manchen kleinen Programmteil, den wir immer wieder brauchen und deshalb dem Computer ein für allemal beibringen sollten, damit wir ihn nicht jedesmal neu programmieren müssen.«
»Zum Beispiel das Wurzelziehen!« rief einer.
»Und die Zinsformel!« rief ein zweiter.
Bald war ihnen eine Menge von kleinen, aber häufig vorkommenden Programmieraufgaben eingefallen, die nun gewissermaßen »auf Vorrat« programmiert und mit einem eigenen Namen versehen wurden – zum Beispiel: ‚QUADRATWURZEL‘. Solche Namen wurden dann in den Programmen wie Befehle verwendet. Zur Unterscheidung von den einfachen Befehlen nannte man sie jedoch »Makrobefehle«. Das heißt soviel wie »Großbefehle«, denn hinter jedem von ihnen versteckt sich ja ein Programm.

Der Computer muß natürlich auf Makrobefehle vorbereitet sein. Bevor man ihn ein Programm, das solche Befehle enthält, in die Maschinensprache übersetzen läßt, gibt man ihm zu jedem Makrobefehl das zugehörige Programm – also zum Beispiel zu dem Makrobefehl ‚QUADRATWURZEL' das Programm zum Wurzelziehen. Die Übersetzungsliste des Computers enthält nun einfache Buchstabenbefehle wie bisher, darüberhinaus aber Makrobefehle. Neben diesen steht jedoch kein Maschinencode-Befehl, sondern die Adresse, unter der das zugehörige kleine Programm – natürlich gleich in Maschinensprache – zu finden ist. Während der »Programmübersetzung« fügt der Computer in das in Maschinensprache entstehende Gesamtprogramm für jeden Makrobefehl das entsprechende kleine Teilprogramm ein.

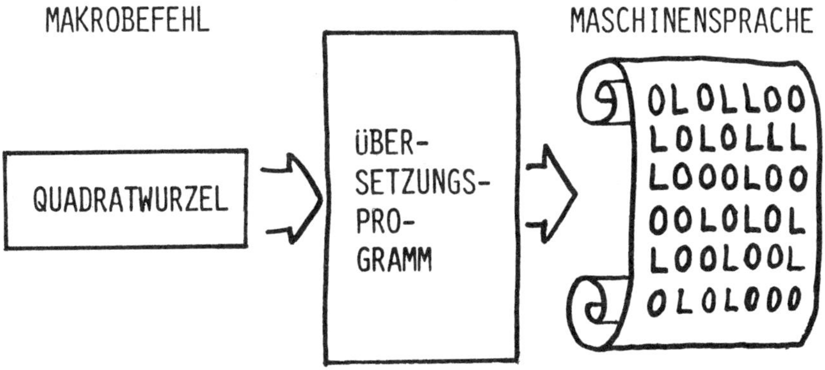

Kam nun ein Programmierer beim Ausarbeiten seines Programmes an eine Stelle, wo aus einer Zahl die Quadratwurzel gezogen werden sollte, dann schrieb er einfach ‚QUADRATWURZEL', als sei das ein ganz normaler Befehl. Er brauchte nicht weiter nachzudenken, denn der Computer hatte ja das zu diesem Makrobefehl gehörige Programmstück schon sozusagen »zum Abschreiben« fertig im Speicher.

Wenn Computer verschiedene Sprachen sprechen

Die Programmierer rieben sich die Hände: Dank der Makrobefehle – und dank einiger anderer Tricks – entstanden ihre Programme nun noch viel schneller. Aber schon zeigte sich ein neues Problem. Anfangs war es selbstverständlich gewesen, daß man für seinen Computer Programme nach Maß schneiderte. Die Hardware – so nennt man mit einem englischen Ausdruck Zentraleinheit, Speicher, Drucker und andere Anschlußgeräte des Computers – war sehr teuer. Die Programme – im Gegensatz zur Hardware auch Software genannt – waren noch nicht so riesengroß wie heute. Mit der Zeit aber sammelte sich um jeden Computer, der irgendwo in einer Bank, in einer Universität oder in einer Fabrik seine Arbeit tat, soviel von dieser Software an, daß auch sie schließlich einen ganz ordentlichen Wert darstellte. Viele gutbezahlte Programmierer hatten Monate und Jahre ihrer Arbeit hineingesteckt, in zahllosen teuren Computerstunden war sie erprobt und von Fehlern befreit worden.

Doch dann kam der Tag, an dem jemand sagte: »Nun ist es langsam Zeit, daß wir unsere alte Mühle von Elektronenrechner aus dem Rechenzentrum werfen und uns einen von den blitzneuen, blitzschnellen, blitztüchtigen Computern anschaffen, die es jetzt gibt.«

»Ja!« stimmten alle im Rechenzentrum zu. »Einen ganz modernen!«

»Was kostet der Spaß?« fragte das Firmenoberhaupt. Aber in Wahrheit war für den Boß die Sache sofort entschieden. Er wollte doch nicht hinter seinem Konkurrenten zurückstehen – bei dem glänzte seit drei Wochen das neue Supermodell. Gleich neben dem Eingang zum Verwaltungsgebäude machte es sich hinter einer Glaswand breit; Zentraleinheit, Magnetbandspeicher, Schnelldrucker – alles letzter Schrei.

»Genehmigt«, nickte deshalb der Boß, als man ihm den Preis nannte. Es kam der große Tag, an dem das neue Stück ins Rechenzentrum einzog, und dann . . .

Dann fingen die armen Programmierer wieder von vorn an. Alle Programme mußten neu geschrieben werden. Die Arbeit von Jahren war wertlos geworden, weil der »Neue« eine andere Sprache sprach; auch binär, aber eben anders. Hatte zum Beispiel der alte Computer für eine Addition drei Befehle gebraucht:

1 HOLE SUMMAND VON SPEICHERZELLE X
2 ADDIERE DAZU SUMMAND VON SPEICHERZELLE Y
3 BRINGE DIE SUMME NACH SPEICHERZELLE Y

so machte sein Nachfolger das vielleicht mit einem einzigen Befehl:

ADDIERE INHALT VON SPEICHERZELLE X ZU INHALT VON SPEICHERZELLE Y UND BRINGE SUMME NACH SPEICHERZELLE Y

Solche Unterschiede brachten ganz neuartige Buchstabenbefehle mit sich und erforderten neue Programme.
»Das passiert uns kein zweites Mal!« schwuren die Programmierer und fingen wieder das Nachdenken an.
»Wir brauchen eine Programmiersprache, die jeder Computer versteht.«
»Die gibt's nicht.«
»Dann tun wir uns zusammen, denken uns eine solche Sprache aus und sagen den Computerherstellern: Jeder von euch muß ein Übersetzungsprogramm machen, das unsere gemeinsame Programmiersprache in die Maschinensprache seines Computers übersetzt.«
»Richtig!« stimmten alle zu. »Wir schaffen eine Sprache, die von allen Computern unabhängig ist.«

»Das erinnert ja an den Turmbau zu Babel«, sagte Herr Ypsilon.
»Freilich«, nickte Herr Klar. »Sie sind nicht der erste, der von der babylonischen Verwirrung der Computersprachen redet.«
»Muß das denn sein? Kann man Computer nicht so bauen, daß alle dieselbe Maschinensprache verstehen?«
»Man könnte schon«, meinte Klar. »Aber das würde die technische Entwicklung einengen. Bedenken Sie: Computer werden von Ingenieuren erdacht und gebaut, die ihre eigene Vorstellung davon haben, wie man so

ein Gerät schneller macht oder zuverlässiger oder billiger. Dahinter stehen jeweils bestimmte Techniken. Auch die Leute, die sich in den Computerfirmen Gedanken darüber machen, welche Computer sich am besten verkaufen lassen, sind unterschiedlicher Meinung. Der eine glaubt, mit kleinen und billigen Computern sein Geschäft machen zu können – dafür dürfen sie etwas langsamer sein. Ein anderer erwartet sich den größten Erfolg von einem superschnellen Datenverarbeitungssystem, das spielend die Arbeit von fünf kleinen Anlagen übernehmen kann. Ein dritter legt das meiste Gewicht auf sehr große Speicher. Das sind unterschiedliche Wünsche, die unterschiedliche technische Lösungen zur Folge haben und damit auch Unterschiede in der Art der Befehle, in der Maschinensprache.«

»Dann ist eine einheitliche Programmiersprache für alle Computer wirklich ein großer Fortschritt. Auch wenn jeder Computer dafür sein eigenes Übersetzungsprogramm benötigt.«

Ypsilon machte eine kleine Pause. Dann schnipste er sich ein unsichtbares Stäubchen von seinem Ärmel, das tat er oft, wenn er noch nicht sicher war, ob er etwas erbitten sollte, schließlich sagte er: »Übrigens – ich habe noch nie beim Programmieren zugesehen.«

Künstliche Sprachen mit Wörtern und Sätzen

Wenig später konnte Ypsilon einem Programmentwickler über die Schulter blicken. Er saß mit einem Packen Unterlagen vor einem Eingabegerät für den Computer, das aus einem Bildschirm mit einer Tastatur bestand. Ab und zu blätterte er in den Unterlagen, tippte dann etwas in die Tastatur und sah sich das Ergebnis auf dem Bildschirm an. Ypsilon versuchte zu entziffern, was dort stand, obwohl er nicht annahm, daß er das geringste davon verstehen würde. Um so mehr überraschte es ihn, als er unter anderem las:

DIVIDE TAGESBEDARF INTO LAGERBESTAND

und in einer anderen Zeile:

IF METALL EQUAL SILBER GO TO DEVISEN-PROGRAMM

und etwas weiter unten:

WRITE FEHLMENGE AFTER ADVANCING 3 LINES

Nachdem Ypsilon eine Weile stumm beobachtet hatte, wie der Programmentwickler auf dem Bildschirm Zeile an Zeile reihte, sagte er leise zu Klar: »Ein Ausländer? Engländer vielleicht?«

Klar schüttelte den Kopf: »Er programmiert nur in einer in den USA entstandenen Programmiersprache.«

»Ist das wirklich ein Programm?«

»Selbstverständlich.«

»Ich kann ja fast verstehen, was in diesem Programm geschieht: Erst soll der Computer ausrechnen, wieviel Tage der Lagerbestand von irgendeinem Material noch reicht; dann soll er feststellen, ob es sich bei einem Material um Silber handelt – wenn ja, soll er eine Devisenberechnung anstellen; schließlich soll er fehlende Materialmengen vom Drucker in eine Liste drucken lassen, aber vor dem Drucken soll er drei Zeilen freilassen. – Stimmt es so?«

Klar lachte: »Wem wollen wir jetzt ein Kompliment machen, Herr Ypsilon? Ihnen, weil Sie das so schnell herausbekommen haben? Den Erfindern der Programmiersprache, welche man so gut verstehen kann? Oder dem Computer, der gelernt hat, nach einem solchen Programm zu arbeiten?«

Ypsilon, der in der vergangenen Zeit nicht nur viel von Computern gehört, sondern auch darüber nachgedacht hatte, meinte: »Der Computer versteht das ja gar nicht, Herr Klar. Ohne Übersetzungsprogramm wäre er ganz hilflos.«

»Richtig! – Also stattdessen ein Kompliment für die Entwickler des Übersetzungsprogramms«, stimmte Klar vergnügt zu.

»Allerdings habe ich mehr geraten als verstanden, was dieses Programm tun soll«, gestand Ypsilon. »Das Englisch ist ja recht komisch. Und warum dann dazwischen deutsche Wörter?«

»Die Ausdrücke dieser Programmiersprache kommen alle aus dem Englischen. Es sind die Ausdrücke, die der Computer mit Hilfe des Übersetzungsprogramms in seine Maschinensprache übersetzen kann. Die deutschen Wörter dagegen lernt der Computer gewissermaßen während des Übersetzens dazu. Auch dabei hilft ihm das Übersetzungsprogramm. Genauer gesagt: Der Computer trägt die deutschen Ausdrücke noch in das Übersetzungsprogramm ein.«

»Moment mal! Nicht so schnell! Der Computer übersetzt das in der Programmiersprache vorhandene Programm in seine Maschinensprache. Versteh' ich. Dazu braucht er das Übersetzungsprogramm. Versteh' ich. Und nun soll der Computer das Übersetzungsprogramm verändern? Ja, da muß er doch noch ein Übersetzungsprogramm-Änderungsprogramm haben!«

»Alles in das Übersetzungsprogramm mit eingebaut. Und noch mehr . . .«

Ein hochtalentiertes Übersetzungsprogramm mit Namensgedächtnis: der Kompilierer

Nun zählte Klar auf, was ein gut ausgestattetes Übersetzungsprogramm alles kann. Schon das Wort »übersetzen« stimmt nicht mehr ganz. Deshalb nennt man solche Programme »Kompilierer«. »Kompilieren« heißt soviel wie »zusammentragen« oder »zusammenstellen«. Der Kompilierer führt natürlich alle Übersetzungsaufgaben aus. Aber er kontrolliert auch, ob der Programmierer seine Programmiersprache richtig verwendet hat, ob er alle Regeln einhielt, die festgelegten Ausdrücke verwendete, in seinem Programm keine unerfüllbaren Forderungen an den Computer stellte und vieles mehr. Vom Drucker läßt der Kompilierer eine Liste

anfertigen, die alle ermittelten Fehler verzeichnet, damit der Programmentwickler danach sein Programm korrigieren kann.
Der Kompilierer betätigt sich darüberhinaus als eine Art Buchhalter für den Entwickler. Er führt im Speicher des Computers Verzeichnisse über alle wichtigen Speicheradressen, die im Programm vorkommen, sowie über den Platzbedarf für Programmteile und Daten. Und er kann sich die Namen einprägen, die sich ein Entwickler für bestimmte Speicherplätze ausgedacht hat.
Der Programmentwickler muß sich dann zum Beispiel nicht mehr merken, daß eine Zahl, die in einem Programm den Lagerbestand angibt, in den Speicherzellen 5762 bis 5768 enthalten ist. Er sagt einfach zu Beginn seines Programms dem Kompilierer: »Ich brauche im Speicher soundsoviel Platz für ‚LAGERBESTAND‘«. Der Kompilierer reserviert diesen Platz. In welcher Ecke des Speichers, darum braucht sich der Programmierer nicht zu kümmern; er schreibt von nun an in seinem Programm nur ‚LAGERBESTAND‘, wenn der Computer die Lagerbestandszahl vom Speicher holen soll, um etwas damit zu tun. Der Kompilierer »übersetzt« für das Maschinenprogramm diesen Namen in die Adressen der Speicherzellen, die er zu Beginn für ‚LAGERBESTAND‘ reserviert hat.
Auch Programmteile kann der Entwickler mit solchen Namen kennzeichnen. Von wo bis wo diese Teile im Speicher untergebracht sind, merkt sich der Kompilierer für ihn.
Das Verwenden von Namen anstelle der nichtssagenden Adressennummern ist für den Programmierer sehr bequem – besonders in großen Programmen, in denen er sonst sehr viele Adressen im Auge behalten müßte. Namen lassen sich leichter merken. Auch ein Kollege, der einen Blick auf das Programm wirft, findet sich mit ihnen schneller zurecht als mit lauter Zahlen. Das hat ja sogar Herr Ypsilon erlebt. Solche Namen dürfen Programmentwickler sich ganz nach eigenem Geschmack oder nach Zweckmäßigkeit ausdenken. Deshalb können sie auch deutsch sein, obwohl die verwendete Programmiersprache selbst englische Ausdrücke hat. Daher das seltsame Gemisch von englischen und deutschen Wörtern,

das Ypsilon auf dem Bildschirm sah. Die englischen Wörter gehörten zum »Wortschatz« der Programmiersprache, die deutschen waren vom Programmierer erfundene Namen.

Nehmen wir an, ein Programmierer soll ein Fahndungsprogramm für die Polizei entwickeln, mit dem man feststellen kann, ob bestimmte Personen schon früher einmal »mit der Polizei zu tun« hatten und deshalb in die Straftäterkartei aufgenommen wurden. Ein solches Programm sieht zum Beispiel vor, daß der Computer Angaben über eine verdächtige Person mit den Merkmalen der in der Kartei enthaltenen Straftäter vergleicht. Die Kartei befindet sich dazu im Speicher des Computers. Für solche Vergleiche findet der Programmierer im Wortschatz der Programmiersprache Ausdrücke, aus denen er eine Anweisung an den Computer formulieren kann. Zum Beispiel:

IF . . . EQUAL . . . GO TO . . .

Nun setzt er in diese Anweisung noch ein, was mit was zu vergleichen ist: NAME V (das ist der Name des Verdächtigen) mit NAME K (das ist ein Name in der Kartei). Für den Fall, daß beide Namen gleich sind, müssen weitere Vergleiche stattfinden: zum Beispiel von Haarfarbe und Körpergröße. Diese sind in einem eigenen Programmteil zusammengefaßt, den der Programmierer FAHNDUNGSPROGRAMM genannt hat. Deshalb lautet die vollständige Anweisung, die der Programmierer in sein Programm schreibt:

Die von einem Verbrecher am Tatort, an einer Waffe oder an seinem Fahrzeug hinterlassenen Fingerabdrücke gehören nach wie vor für den Kriminalisten zu den wichtigsten Spuren, denn sie sind so »persönlich« wie eine Visitenkarte – vorausgesetzt, man kennt den Besitzer der Finger und hat von ihnen einen Abdruck im Archiv. Das Vergleichen von am Tatort gefundenen Fingerabdrücken mit den im Polizeiarchiv enthaltenen ist jedoch überaus mühsam und zeitraubend. Jetzt kann man solche Abdrücke »beschreiben« und diese Beschreibungen im Computer speichern. Auf unserem Bild ist solch eine Beschreibung für die zehn Finger einer Person zu sehen, sie setzt sich aus über tausend Zeichen zusammen. Der Computer ist in der Lage, in kürzester Zeit eine Beschreibung dieser Art mit Tausenden oder Millionen anderer Fingerabdruckbeschreibungen, die er schon in seinem Speicher aufbewahrt, zu vergleichen.

N, T, 123456, 46,M,E,HE,/RD1/MU/ZGRØ/GE/641,642,/LI/Ø3/DL/S23/DR/L1Ø
KB/AØ8B,BØ8E,CØ4E,GØ4E,HØ4E,HØ6B,IØ3B,IØ3B,IØ5B,KØ2B,OØ2E,QØ6E,RØ3B,
TØ7E,UØ8E,XØ3E,XØ7E/RZ1/MU/TSLØ,TSLA/DR/F22/KB/AO3B,AØ8B,BØ6B,BØ8B,
GØ8B,IØ4B,KØ2B,LØ3B,MØ2E,MØ2E,MØ2B,MØ2B,MØ2B,NØ2B,NØ2B,NØ5E,NØ7E,
OØ4E,PØ6E,QØ8B,VØ6B,VØ7E,XØ7B,XØ7E/RM1/MU/ZGRØ,WSRØ/GE 621,762/LI/O2
DL/S17/DR/L1Ø/KB/BØ6E,CØ7E,EØ3E,GØ7E,HØ4E,HØ3E,HØ9B,JØ8B,JØ2E,JØ3E,
JØ4B,KØ2E,KØ1E,KØ4B,KO2E,NØ4E,QO2E,QØ4E,TO9B,VØ8E,VØ9E/RR1/MU/WKRL/
DL/R23/DR/L11/KB/AØ8E,BØ6E,CØ8B,DØ9E,FØ7B,FØ9B,FØ6E,IØ7B,JØ5B,J1ØB,
JØ4B,KØ8B,LØ6B,LØ1E,OØ3E,OØ5E,QØ6E,SØ7E,SØ3E,UØ9E,VØ6E,VØ4E,WØ2E,XØ6B
RK1/MU/SCRØ/GE/6Ø1,12/DL/R17/KB/AØ1E,AØ5E,AO7E,GØ5E,IØ6B,JØ3B,KØ3E,
KØ2E,RØ2E,SO6E,TØ8E,VØ7B,WØ9E/ZGLØ/GE/622,612/LI/Ø2/DL/M15/DR/624/
SF/NAS,?IK/KB/B1ØB,CØ8B,FØ5B,HØ6B,IØ2B,LØ2B,NØ2B,OØ2B,PØ7E,SØ5B,SØ7E,
TØ9B,WØ3B,WØ7B,XØ5B,XØ2E/LZ1MU/SCLØ/GE21,512/DR/IØ4/KB/AØ6B,CØ3B,
D1ØB,GØ3B,HØ5E,IØ4B,IØ2B,JØ5E,KØ3E,LØ2E,RØ5E,RØ7B,TØ9E,WØ6B,XØ2BXØ1E/
LM1/MU/SCLØ/GE/21,521/DR/IØ9/KB/CØ9B,EØ5B,GØ5B,JØ2B,OØ6E,UØ5B,WØ3B,
XØ5E/LR1/MU/SCLØ/GE/55?,521/DR/J13/SF/NAS,?SC/KB/EØ7B,HØ5B,OØ3E/LK1/
MU/SCLØ/GE/522/DR/J12/KB/FØ6B,FØ9B,HØ9B,LØ3B,SØ2E,SØ8E,VØ5B,XØ4E,XØ2E/

IF NAME V EQUAL NAME K GO TO
FAHNDUNGSPROGRAMM

In normales Deutsch übersetzt heißt das: Wenn der Name des Verdächtigen gleich dem Namen in der Kartei ist, dann gehe zum Fahndungsprogramm weiter.

Die beiden deutschen Ausdrücke ‚NAME V‘ und ‚NAME K‘ sind die Namen von Speicherplätzen. Zu Beginn seines Programms hat der Programmierer dem Kompilierer mitgeteilt, daß er diese und weitere Namen in seinem Programm verwenden will. Der Kompilierer hat Speicherplatz und Adressen dafür bereitgestellt. So oft die Namen im Programm auftauchen, wird der Kompilierer an ihre Stelle die entsprechenden Speicheradressen setzen und das Programm auf diese Weise vervollständigen. Wenn wir bedenken, daß ein Programmiersprach-Programm aus hunderten oder tausenden solcher Zeilen besteht, die der Kompilierer prüfen, übersetzen und mit den genauen Adressen versehen muß, dann verstehen wir auch, was Herr Klar neulich zu Herrn Ypsilon sagte: »Entwickeln von Kompilierern gehört zu den schwierigsten Programmieraufgaben, es ist sozusagen die Hohe Schule des Programmierens.«

Zum künstlichen Wortschatz die künstliche Grammatik

»Wieviel Wörter hat denn die Programmiersprache selbst?« will Ypsilon wissen.

»Die Sprache, in der unser Entwickler hier programmiert, hat ungefähr dreißig verschiedene Wörter. Sie werden Anweisungen genannt. Diesen dreißig Anweisungen stehen im Computer rund einhundertfünfzig verschiedene Befehle in Maschinensprache gegenüber.«

»Also fünf Mal soviel Maschinenbefehle? Dann wird ja das Maschinensprach-Programm erheblich länger als das Programmiersprach-Programm!«

»So ist es«, sagt Klar. »Aus einer einzigen Anweisung ergeben sich beim Übersetzen oft sehr viele Befehle, ja ganze kleine Programme.«
»Dreißig Anweisungen – die hat man doch schnell im Kopf; dann ist wohl das Programmieren in Programmiersprache gar nicht schwer?«
»Leider genügt es bei keiner Sprache, daß wir die Vokabeln kennen. Richtig reden können wir erst, wenn wir auch die Grammatik gelernt haben.«
»Sehr recht haben Sie da«, pflichtet Ypsilon bei und gedenkt der Englischstunden seiner Schulzeit. »Nun sagen Sie mir aber, wozu man in einer Programmiersprache Fälle unterscheiden oder Verben konjugieren muß!«
»Das natürlich nicht, denn Programmiersprachen sind künstliche Sprachen, in denen weder Fälle noch Zeiten vorkommen, sondern – wenn überhaupt – nur der Imperativ, die Befehlsform. Sie sind ganz auf ihren Zweck zugeschnitten. Deshalb ist ihr Wortschatz nur klein. Aber wie Sie sahen, kann man auch in ihnen eine Art Sätze bilden. In diesen Sätzen muß sich der Computer zurechtfinden. Er muß wissen, wo solch ein Satz anfängt und wo er endet, was es bedeutet, wenn ein Ausdruck an einer ganz bestimmten Stelle eines Satzes steht, und vieles mehr. Dafür gibt es Regeln, sozusagen eine künstliche Grammatik. In ihrer Beherrschung und richtigen Anwendung liegt die eigentliche Kunst des Programmierens. Große ›ausdrucksfähige‹ Sprachen haben auch eine entsprechend komplizierte Grammatik. Einfache Sprachen kommen dagegen mit wenigen Regeln aus.«
»Also doch verschiedene Programmiersprachen? Wo bleibt dann der Vorteil der Einheitlichkeit? Ich dachte, nun gibt es für alle Computer nur noch eine Programmiersprache?«

Programmiersprachen für jeden Bedarf

Warum verschiedene Programmiersprachen? Aus dem gleichen Grund, aus dem es nicht nur Schuhe, sondern Kinder-, Berg-, Fußballschuhe und noch viele andere Schuharten gibt. »Für jeden Zweck den richtigen Schuh«, sagen die Leute im Schuhgeschäft. »Für jeden Zweck die richtige Programmiersprache«, sagen die Computerbenutzer.

»Ich brauche meinen Computer zum Ausrechnen meterlanger Formeln«, sagt zum Beispiel Professor Zahlreich. »Ich benötige Anweisungen für das Potenzieren und das Wurzelziehen.« – »Formeln mit Wurzeln gibt es bei uns nicht«, meint Herr König, Buchhalter der Fleischkonservenfabrik Rippenspeer und Speck. Bei uns gibt's viele Daten zu speichern und wieder aus dem Speicher herauszusuchen. Ich brauche Anweisungen, mit denen man Daten schnell und bequem ordnen, umordnen und ändern kann. Daten von tausend Kunden, von Arbeitern, Lieferanten, Waren . . .«

Als die Programmiersprachen noch für ganz bestimmte Computer gemacht wurden, konnten sie gar nicht anders, als sich diesen »Herren« möglichst genau anzupassen. Nachdem sie jedoch selbständig geworden waren und sich nicht mehr nach dem Maschinencode richten mußten, begannen sie, sich nach den Aufgaben hin zu orientieren, die zu programmieren waren. Diese Aufgaben kamen aus sehr unterschiedlichen Bereichen. Wissenschaftler wollten komplizierte Gleichungen lösen, Ingenieure Maschinen berechnen, Handelsfirmen und Banken Zahlungen verbuchen, Behörden alles mögliche statistisch erfassen.

Bei dem einen lag das Schwergewicht auf dem tausendfachen Wiederholen der immer gleichen Berechnungen, der andere benötigte fast für jede Aufgabe ein neues Programm, dem dritten war die Übersicht über riesige Datenmengen in den Speichern das Wichtigste.

Natürlich ließe sich eine Programmiersprache konstruieren, die in ihrem Wortschatz Anweisungen für alle diese Wünsche bietet. Doch die Sprache würde groß, unübersichtlich und unhandlich. Deshalb begann man bald, für einzelne Sachgebiete eigene Sprachen zu entwickeln. Für Wissenschaftler und Techniker zum Beispiel eine Sprache, in der alle wichtigen mathematischen Zeichen vorkommen und in der Formeln fast so geschrieben werden können, wie es diese Leute auch sonst gewohnt sind. Diese Sprache heißt ALGOL. Ihr seltsamer Name wurde künstlich gebildet aus den ersten vier Buchstaben von »Algorithmic« und dem Anfangsbuchstaben von »Language«. Auf deutsch bedeutet das »Rechenregelsprache«. Ein Buchhaltungsprogramm sollte man mit ALGOL natürlich nicht schreiben. Für die Buchhaltung und andere Aufgaben, die in der Geschäftswelt vorkommen, gibt es eine eigene Sprache. Sie enthält ganz andere Anweisungen und ist vollständig auf Programme für das »Business« zugeschnitten. Deshalb wurde ihr künstlicher Name COBOL aus der Bezeichnung »Common business oriented language« gebildet – zu deutsch »allgemeine geschäftlich orientierte Sprache«.

Neben diesen Sprachen für technische und für geschäftliche Aufgaben finden wir noch viele andere Spezial-Programmiersprachen. Darunter sind auch welche, die eigens zum Entwickeln anderer Programme geschaffen wurden. Zum Beispiel Programmiersprachen für das Herstellen von Steuerprogrammen für computergesteuerte Werkzeugmaschinen.

So sehen wir heute auf der einen Seite Computer von verschiedenen Herstellern mit verschiedenen technischen Eigenschaften und verschiedenen Maschinensprachen. Auf der anderen Seite aber Programmiersprachen für ganz verschiedene Probleme. Diese Sprachen sind von den Computern unabhängig. Aufgabe eines Computerherstellers ist es, die Verbindung von seinem Computer zu den Programmiersprachen zu schaffen, indem er für die entsprechenden Übersetzungsprogramme – meist sind es Kompilierer – sorgt. Weil die Entwicklung eines Kompilierers sehr teuer ist, wird er sich genau überlegen, für welche der vielen Programmiersprachen sich das lohnt. Meist stellt er fest, daß das nur bei wenigen der Fall ist.

Hat er aber für eine Sprache den Kompilierer parat, dann stehen seinem Computer sozusagen alle in dieser Sprache vorhandenen Programme offen. Wenn zum Beispiel ein Computer einen Kompilierer für die weitverbreitete Programmiersprache COBOL vorweisen kann, dann hat er damit eine Brücke zu allen in COBOL geschriebenen Program-

745 197
745 199
745 200
745 201
745 202
745 204
745 205
745 206
745 207
745 208
745 209
745 215
745 216
745 217
745 219
745 220
745 221
745 222
745 223
45.209,80
581,82
129.017,00
900.280,85
37.006,51
2.150,76
1.089.374,33
18.121,99
211.534,01
48.600,66
965,40
1.255.247,04
15.038,17
204.449,33
43.242,77
523,10
786.369,11
10
20
30
40
50

men. Sein Kompilierer verwandelt jedes in COBOL geschriebene Programm in ein Programm der eigenen Maschinensprache.
Für Herrn Rippenspeer ist das noch kein Problem, denn er hatte bisher weder Computer noch Programme. Wenn er jetzt den ersten Computer für seine Fabrik kauft, muß er neu mit dem Programmieren anfangen. Er muß Programmierer einstellen oder eine Programmierfirma mit dem Entwickeln all der Programme beauftragen, die er benötigt. Vielleicht kann er auch einige Programme fertig kaufen. Schließlich unterscheiden sich manche seiner Programmierprobleme kaum von denen anderer Firmen. Das trifft zum Beispiel bei der Lohnabrechnung zu. Aber ob selbstgemacht oder gekauft – die »Software« kostet Herrn Rippenspeer wahrscheinlich noch einmal soviel wie die »Hardware«, also wie der Computer mit allen Geräten drumherum. Wenn er eines Tages einen größeren Computer braucht, wird er sehr großen Wert darauf legen, daß er die teuren Programme weiterverwenden kann. Er wird dann als erstes fragen: »Hat der neue Computer einen Kompilierer für die Programmiersprache, in der meine Programme geschrieben sind?«

Wie kommen die Daten aufs Papier? – Im Walzendrucker warten hundertdreißig Hämmer auf ihr Zeichen

Herr Ypsilon steht schon eine ganze Weile vor dem Drucker und sieht zu, wie dieses Gerät eine endlose, breite Papierbahn unter leisem Knattern Zeile um Zeile mit Wörtern und Zahlen bedeckt und dann nach hinten

Beim Walzendrucker bringt die ununterbrochen rotierende Druckwalze mit jeder Umdrehung eine Zeile zu Papier. Auf diesem Bild steht die Walze still, so daß wir sehen können, wie die Typen angeordnet sind. Bei manchen Druckern befinden sich die Typen einer Reihe (in Längsrichtung) genau in gleicher Höhe, bei anderen wechselweise etwas versetzt (so wie hier). Durch diese Versetzung verteilen sich die Druckanschläge für eine zu druckende Zeile gleichmäßiger, weil es für jede Typenreihe zwei Druckzeitpunkte gibt.

hinausschiebt, wo sich das Papier gefaltet in einen großen Korb legt. Manchmal verstummt das Knattern und die Papierbahn ruckt eine Handbreit weiter, so daß ein Stück unbedruckt bleibt. Das ist, als müsse der Drucker sich räuspern. Aber schon hämmert er wieder in größter Eile schwarze Zeilen auf die weiße Fläche.

»Ein Walzendrucker«, erklärt Klar und drückt auf einen Knopf. Der Drucker schweigt, das Papier steht still. Als Klar den grauen Deckel über dem Druckmechanismus aufhebt, sieht Ypsilon eine silbrig glänzende Walze, so lang wie das Papier breit ist. Sie rotiert noch sehr schnell. Als ihre Umdrehungen langsamer und langsamer werden, bemerkt Ypsilon, daß sie dicht an dicht mit Buchstaben und Ziffern bedeckt ist wie ein Abrollstempel. Nun läuft ihre Bewegung ganz aus. Sie bleibt stehen.

»Dieser Drucker druckt einhundertdreißig Zeichen nebeneinander. Eine Zeile kann also insgesamt einhundertdreißig Ziffern oder Buchstaben lang sein. Um sie zu Papier zu bringen, muß sich die stählerne Typenwalze einmal um sich selbst drehen. Einhundertdreißigmal nebeneinander sind alle Buchstaben, alle Ziffern und alle sonstigen Zeichen, die wir drucken wollen, auf ihr angebracht – jedes ›Zeichensortiment‹ ist als Ring auf der Walze angeordnet.«

Klars Finger fährt an der Typenwalze entlang. Langsam dreht er sie weiter. Ypsilon sieht, wie hundertdreißig Einsen erscheinen, danach hundertdreißig Zweien – und so fort schön in Reih und Glied alle Typen, die die Walze drucken kann.

»Aber diese Typen können sich doch nicht gegen das Papier bewegen. Wie kommt dann der Druck zustande?«

»Hinter dem Papier befinden sich hundertdreißig kleine Hämmer. Die schlagen es im richtigen Moment gegen die Druckwalze – genauer gesagt, gegen die Typen, die von vorn auf das Papier drucken sollen.«

Ypsilon schaut hinter das Papier und sieht dort wirklich dicht an dicht lauter kleine hammerähnliche Dinger. Die Hämmerreihe ist so lang wie die Druckwalze auf der anderen Seite des Papiers.

»Für jeden Typenring ist ein Druckhammer da«, erklärt Klar weiter. »Soll nun zum Beispiel am Anfang einer Zeile ein B gedruckt werden«,

Klars Finger weist auf das erste B auf der Druckwalze, »so schlägt der für den ersten Typenring zuständige Druckhammer genau dann gegen das Papier, wenn auf der anderen Seite das B vorbeikommt. Damit sich das Zeichen dort sichtbar abdruckt, färbt die Typenwalze ihre Buchstaben und Ziffern laufend an einer mitrollenden Farbwalze ein.«

»Wie aber weiß der Hammer, daß hinter dem Papier das B angekommen ist?«

»Der Hammer selbst weiß es nicht. Im Drucker befindet sich ein Speicher, der für jede der hundertdreißig Stellen einer Zeile die Information über das zu druckende Zeichen speichern kann. Diesen Speicher füllt der Computer, wenn er eine Zeile drucken lassen will. Genauer gesagt: Die Zentraleinheit des Computers schickt die Daten, die in eine Zeile gedruckt werden sollen, in diesen Zeilenspeicher.«

»Also zum Beispiel den binären Code für ein B?« fragt Ypsilon, der gern die Fachausdrücke benützt, die er im Lauf der Zeit gelernt hat.

»Ja, in jede Stelle des Zeilenspeichers gibt die Zentraleinheit den binären Code für das Zeichen, das an dieser Stelle gedruckt werden soll. Nun dreht sich die Typenwalze und meldet, während sie sich dreht, welches Zeichen gerade vor den Druckhämmern vorbeigeht. Sobald sie meldet: ›alle B sind in Druckposition‹ . . .«

». . . dann hält die Walze«, unterbricht Ypsilon, »und der Hammer schlägt . . .«

»Wo denken Sie hin, Herr Ypsilon! Haben Sie nicht bemerkt, wie lange die schwere Typenwalze noch rotierte, nachdem ich den Drucker abgeschaltet hatte? Unmöglich, sie plötzlich anzuhalten.«

»Ja, läuft sie denn beim Drucken weiter?«

»Sie dreht sich pausenlos mit der hohen Geschwindigkeit, die Sie vorhin beobachten konnten. Die Druckhämmer schlagen blitzschnell zu. Wie Sie am Ergebnis sehen«, Klar zeigt Ypsilon einen bedruckten Bogen, »sind die Abdrucke dennoch sauber und deutlich.«

»Das passiert in einer Zeile hundertdreißigmal?« will Ypsilon jetzt wissen.

»Sagen wir besser: im Verlauf einer Walzenumdrehung bis zu hundertdreißigmal. An jeder Stelle einer Zeile wird ja nicht gedruckt, es gibt doch auch Zwischenräume. Aber an allen Stellen, an denen ein Zeichen gedruckt werden soll, schlagen die Druckhämmer im richtigen Moment der Walzenumdrehung zu.«

»Wenn nun der Buchstabe B in einer Zeile mehrmals vorkommt?«

»Dann schlagen an den betreffenden Stellen die Hämmer an.«

»Gleichzeitig?«

»Natürlich, sie sahen ja, daß auf der Walze auch alle B-Typen in einer Reihe stehen.«

»Das ist lustig«, lacht Ypsilon. »Das ist, als würde ich einen Brief nicht Buchstaben nach Buchstaben und Wort nach Wort schreiben, sondern

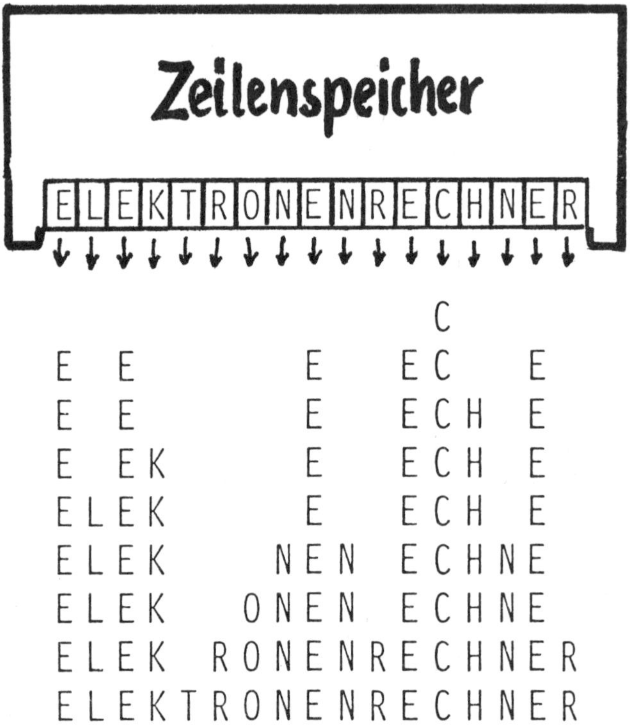

So entsteht das vom Walzendrucker gedruckte Wort »Elektronenrechner«. Zuerst kommt das »C« auf das Papier, dann folgen die fünf »E«, die das Wort enthält, und so fort, bis das »T« die letzte Lücke füllt.

Dieses eigenartige Gebilde ist ein Nadeldruckkopf. In den Zylindern, die wie dicke Schrauben aussehen, befinden sich die Antriebsmagnete für die Drucknadeln. Jede der fünf, sieben oder neun Nadeln (je nach Drucker) hat ihren eigenen Magneten, der sie im richtigen Moment gegen das Papier schleudert.

erst alle A zu Papier bringen – natürlich dort, wo sie hingehören –, dann alle B dazwischen und so fort, bis der Text vollständig dasteht.«

»Auf die gleiche Weise druckt der Walzendrucker eine Zeile.«

»Wieviel Zeilen schafft er in der Sekunde?«

»Zehn.«

»Dann macht also die Trommel in einer Sekunde zehn Umdrehungen. Jede Zehntelsekunde eine Umdrehung und damit eine Zeile gedruckt . . . lassen Sie mich mal rechnen . . . wieviel verschiedene Typen sind auf jedem der Typenringe?«

»Rund sechzig.«

»Dann ist ja jede einzelne Type nur eine Sechshundertstelsekunde lang von dem Hammer.«
»Stimmt. Und in genau dieser Sechshundertstelsekunde muß er zuschlagen.«
»Wenn die richtige Type vorbeisaust. – Aber kann sich der Hammer auch mal verspäten?«
»Das darf er nicht, denn dann erwischt er die verkehrte Type, vielleicht . . .«
». . . vielleicht druckt er dann ›Zpsilon‹ statt ›Ypsilon‹?«
»Möglich, aber schlimmer noch wäre es, wenn er sich bei wichtigen Zahlen irrte. Stellen Sie sich vor, der Drucker im Rechenzentrum Ihrer Bank erhöhte ihr Guthaben beim Drucken Ihres Kontoauszuges um zehntausend Mark.«
»Ist das möglich?«
»Alle technischen Dinge können versagen, Herr Ypsilon. Natürlich haben die Druckerkonstrukteure an Sicherungen gedacht, die so etwas verhindern oder sofort melden. Und die funktionieren im allgemeinen gut. Sollte es aber wirklich einmal geschehen, dann hätte sich zum Glück der Fehler nur auf dem Papier ereignet, denn im Speicher stehen nach wie vor Ihr richtiger Name und Ihr richtiger Kontostand – auch wenn der säumige Hammer des Walzendruckers das anders erscheinen läßt.«
»Sie haben stets ganz betont ›Walzendrucker‹ gesagt, – gibt es denn auch noch andere Drucker?«
»Und ob! Drucker, die die Buchstaben aus von dünnen Drahtstiften gedruckten Punkten zusammensetzen; Drucker, die einen Tintenstrahl aufs Papier spritzen und damit gewissermaßen schreiben; Drucker, die mit Laserstrahlen die Zeichen auf eine Walze bringen, die dann mit Farbpulver bestäubt und auf Papier abgerollt wird . . .«
»Können diese Drucker ebenfalls mal ein falsches Zeichen drucken?«
»Völlig ausschließen läßt es sich auch hier nicht. Doch die Wahrscheinlichkeit ist groß, daß bei einem Fehler kein verkehrtes Zeichen herauskommt, sondern etwas Undefinierbares, das Sie gleich als falsch erkennen würden.«

Hier sieht man das »Spritzwerk« eines Tintenstrahldruckers. Es bildet die Zeichen auf dem Papier wie der Nadeldrucker aus einzelnen Punkten. Doch diese Punkte sind winzige Tintenkleckse. Aus den wie Speichen übereinander angeordneten Röhrchen werden sie auf das Papier gespritzt. Ein Vorteil dieser Methode: Der Drucker arbeitet fast geräuschlos. Ein Nachteil: Durchschläge wie bei einem Nadeldrucker sind nicht möglich. Es wurden übrigens auch Tintendrucker entwickelt, die mit einem einzigen Tintenstrahl die Zeichen regelrecht auf das Papier schreiben. Ein Magnetfeld lenkt dabei den Strahl in der gewünschten Weise.

Klar schließt den Deckel und schaltet den Walzendrucker wieder ein. Nach einer Weile hat die schwere Typenwalze ihr Arbeitstempo erreicht – unsichtbar hinter dem Papier beginnt das Knattern der Druckhämmer, die weiter Zeile um Zeile entstehen lassen.

Doktor X. hat einen seltsamen Diener

Dr. X. hatte im letzten Winter bei einem Vortrag über »künstliche Intelligenz« neben mir gesessen. Beim Austauschen unserer Meinungen über das, was der Redner zum besten gab, lernten wir uns kennen. Als er mich im Frühjahr in sein nettes Haus einlud, folgte ich dieser Aufforderung gern. Auch einige andere Gäste hatten sich eingefunden. Natürlich unterhielten wir uns auch über das Thema jenes Vortrages, über die sogenannte künstliche Intelligenz.

Mein Nachbar, ein alter Herr – »hoch in den Siebzigern«, hatte Dr. X. mir bei der Begrüßung zugeraunt – sagte eben: »Als ich ein Junge war, kannte man diesen Ausdruck noch nicht. Man sprach aber von ›Maschinenmenschen‹ und ich erinnere mich, wie unheimlich mir schon der Name war und wie ich die Erwachsenen wieder und wieder mit Fragen nach diesem Wesen bestürmte. Alle hatten darüber gelesen, doch niemand je so etwas gesehen. Dennoch schmückte jeder seine Schilderungen nach eigenem Geschmack aus – bis hin zu der schaurigen Mär, daß einer dieser zweibeinigen Roboter mit seinen stählernen Armen den eigenen Erfinder zermalmt habe. Warum? Die Frage blieb offen. Aber eines schien uns damals selbstverständlich, nämlich daß Maschinenmenschen auf Worte ihrer Herren hören. Für mich wären sie ohne diese Eigenschaft einfach Maschinen gewesen und hätten den beunruhigenden Namen nicht verdient.«

»Ja, wenn Computer zu all ihrer ›künstlichen Intelligenz‹ noch verstehen könnten, was wir sagen . . .«, sinnierte ein anderer Gast und drehte sein Weinglas zwischen den Fingern.

Dr. X. hatte das Zimmer verlassen. Jetzt kehrte er zurück, einen hohen, mit einem Tuch verhängten Gegenstand vor sich her schiebend. Dieser Gegenstand war auf einem rollenden Sockel befestigt und hatte, wie man unter dem Stoff sehen konnte, zwei in Stiefeln steckende Füße.

Dr. X. enthüllte uns das Rätsel: Zum Vorschein kam eine lebensgroße Puppe, die einen Mann darstellte, gekleidet in einen grünen, längst aus der Mode gekommenen Frack. Gespannt beobachteten wir, wie Dr. X. der Puppe ins Ohr sagte: »Ich möch-te gern rau-chen!«

Er sprach die Silben laut und abgehackt, als rede er auf ein schwerhöriges und störrisches Wesen ein. Im Innern der Puppe entstand ein Geräusch. Sie drehte den Kopf zum Sprecher und winkelte ihren Arm nach oben. In der hölzernen Hand sahen wir ein Zigarettenetui, das sogleich aufsprang. Dr. X. verzog keine Miene, als er dem Etui eine Zigarette entnahm und nun in das andere Ohr der Puppe rief: »Feu-er, bit-te!«
Da warf der künstliche Kerl den anderen Arm in Augenhöhe – und schnapp, flackerte eine kleine Flamme auf dem Feuerzeug in seiner Faust. Gelassen zünderte Dr. X. seine Zigarette an. Auf ein »Dan-ke!« sank der Arm wieder herunter und das Feuerzeug klappte zu.
»Ein Onkel von mir, ein großer Liebhaber von Automaten, hat sich dieses Unikum vor sechzig Jahren bauen lassen«, erklärte unser Gastgeber. »Darf er Ihnen auch etwas anbieten . . .?«
Während die Puppe nun abwechselnd Zigaretten und Feuer reichen mußte, bis ihr Etui leer war, diskutierte man lebhaft über »künstliche Ohren«, für deren Möglichkeit, die Puppe anscheinend einen kleinen Beweis erbracht hatte.

Das künstliche Ohr in der Automatenpuppe

Schließlich knöpfte Dr. X. der Figur den Frack auf und zeigte uns ihren inneren Mechanismus. Ungefähr dort, wo sich bei einem Menschen das Schlüsselbein befindet, sahen wir eine Membran, die mit einem Kontakt verbunden war. Von diesem führten Drähte zu einer Apparatur aus Magneten, Zahnrädern und anderen im Dunkel des Rumpfes nicht mehr erkennbaren mechanischen Teilen.
»Wenn diese Membran von einem starken Schall getroffen wird, biegt sie sich durch. Dabei schließt sie einen Kontakt und löst einen Stromstoß aus. Ein Mechanismus im Innern, zählt die Stromstöße, die nacheinander auf diese Weise von der Membran kommen . . .«

»Also gewissermaßen die Silben des von Ihnen gesprochenen Befehls?« fragte jemand.
»Richtig! Deshalb gebe ich die Befehle auch so abgehackt. Jede Silbe soll die Membran einmal kräftig durchbiegen, damit der elektrische Kontakt zustandekommt. Der Zähler stellt nun fest, wieviel Schallstöße oder Silben die Membran empfängt und setzt entsprechend die Bewegungsmaschine für den linken oder den rechten Arm in Gang. Nach sechs Silben die für den linken Arm mit dem Zigarettenetui; wenn aber schon nach vier Silben eine längere Pause eintritt, die für den rechten mit dem Feuerzeug.«
»Dann müssen Sie ja gar nicht kommandieren ›Feuer bitte‹ – es würde zum Beispiel auch genügen, wenn Sie viermal laut husten, denn auf den Sinn der Wörter . . .«
». . . kommt es nicht an«, bestätigte Dr. X. »Ich kann viermal husten, viermal an den Holzkopf klopfen oder auch ›Laß den Unsinn‹ rufen – dennoch wird mir die Puppe das Feuerzeug reichen.«
»Das müssen wir ausprobieren!«
Man kann sich denken, wie einige der Gäste aus unserer Gesellschaft sich jetzt in lustigen und albernen Befehlen überboten. Fast tat mir der Grünfrack leid, wie er auf die dümmsten Kommandos immer wieder gehorsam Etui und Feuer bot. »Stupid und geistlos«, höhnte ihn jemand. Wirklich? Ich fand, daß er genau das tat, wofür ihn sein Konstrukteur gemacht hatte. Darin war er seinem soviel tüchtigeren »Bruder«, dem Computer, sehr ähnlich. Auch dieser kann ja nichts, aber auch gar nichts, was nicht ein Programmierer gründlich bis in die kleinste Kleinigkeit vorgedacht und in Programmen festgelegt hat. Während Dr. X. seinen silbenzählenden Zigarettenspender wieder in das schützende Tuch hüllte, wandte sich das Gespräch erneut der künstlichen Intelligenz von Computern zu.
»Ja, wenn Computer einmal so weit sein werden, daß sie den Sinn gesprochener Worte verstehen«, sagte jemand.
»Dann wird es auch nicht mehr lange dauern, bis sie sprechen können«, ergänzte ein anderer Gast.

»Das hat gar nichts miteinander zu tun«, warf ich ein.
»Ich bitte Sie! Ob gehört oder gesprochen – immer handelt es sich doch um die gleichen Wörter!«
»Für einen Computer nicht«, widersprach ich.
»Das erklären Sie uns einmal!«

Der sprechende Computer – zunächst einmal eine Tonbandansage

»Sie meinten soeben«, begann ich, »daß ein Computer, der gesprochene Wörter versteht, diese Wörter auch bald nachsprechen kann, wie ein Kind.«
»So ähnlich dachten wir es uns; natürlich nicht wie bei einem Kind, aber vielleicht wie bei einem Tonband, das ja auch Gesprochenes aufnehmen und wiedergeben kann.«
»Bitte machen Sie sich einmal den Unterschied zwischen Tonbandgerät und Computer klar: Das Tonband hält Sprache fest, aber es verarbeitet die in der Sprache steckenden Daten nicht. Das Tonband gibt Sprache wieder, aber nur die Sprache, die es vorher aufgenommen hat – nichts anderes. Für den Konstrukteur eines Computers stellen sich jedoch mit ›Hören‹ und ›Sprechen‹ viel weiter reichende Probleme:
Will er, daß sein Computer gesprochene Wörter versteht, so muß er eine Einrichtung erfinden, die die ›gehörte‹ Sprache in computerverständliche Daten umwandelt. Diese Daten soll der Computer verarbeiten. Ob das Ergebnis der Verarbeitung dann auf einem Bildschirm als Text angezeigt, von einem Drucker auf Papier gedruckt oder wiederum als hörbare Sprache dem Auftraggeber – dem Menschen – zurückgeliefert wird, ist eine andere Frage.
Umgekehrt: Wenn der Konstrukteur seinen Computer ›sprechen‹ lassen will, muß er eine Einrichtung bauen, die Daten in tönende Wörter umwandelt. Diese Daten hat der Computer vorher nicht als gesprochene

Wörter gehört. Sie haben sich binär codiert in seinem Speicher befunden oder sind als Ergebnisse seiner Datenverarbeitung entstanden. Die Vorgänge Hören und Sprechen sind also viel weiter voneinander entfernt als in unserer ›menschlichen‹ Vorstellung. Auch die technischen Einrichtungen für Hören und Sprechen haben nichts miteinander zu tun.
Das technisch schwierigere Problem ist das Hören, denn zum Hören gehört ja das ›Verstehen‹. Einfacher läßt sich das Sprechen verwirklichen. Etwa durch eine Einrichtung, mit welcher der Computer die Zahlen, die er gespeichert oder errechnet hat, in einem Lautsprecher oder einem Telefonhörer als gesprochene Worte ertönen lassen kann.«
»Von einem Tonband?«
»Zum Beispiel von einem Tonband. Es ist für einen Techniker nicht allzu schwer, ein Tonbandgerät durch einen Computer so steuern zu lassen, daß es ganz bestimmte Stellen abspielt. Enthält dieses Tonband Wörter, so hat der Computer die Möglichkeit, bestimmte von ihnen zum Abspielen auszuwählen. Befinden sich zum Beispiel die Wörter für die Ziffern Null bis Neun auf dem Band, so kann der Computer beliebige dieser Ziffern ›ansagen‹ lassen. Er kann auch längere Zahlen aus ihnen zusammensetzen.«
»Könnte man nicht ebenso alle Buchstaben auf Tonband aufnehmen und den Computer daraus Wörter zusammenstellen lassen?«
»Aber dann würde er doch nur buchstabieren und keine Wörter . . .«
»Richtig, er könnte Wörter nicht aussprechen, sondern nur buchstabieren!«
»Sehr primitiv!«
»Sie haben ganz recht, meine Herren«, nahm ich wieder das Wort. »Das Anhören buchstabierter Wörter kann man keinem Computerbenutzer zumuten. Deshalb läßt der Computer nur vollständige Wörter oder gar Sätze vom Tonband abspielen. Selbstverständlich kann solch ein auf Tonband bereitstehendes Wörterbuch nicht sehr groß sein, aber schon mit wenigen Wörtern läßt sich allerhand anfangen.
Nehmen wir einmal an, der Verwalter eines großen Lagers möchte über seine Bestände an Waren jederzeit telefonisch Auskünfte haben. Da

würde es doch reichen, wenn ihm der Computer, der alle Bestandszahlen gespeichert hat, über einen Telefonhörer diese Zahlen als einfache Ziffernreihen nennt. Bei einem Lagerbestand von viertausendsiebenhunderteinundfünfzig Stück vernimmt der Lagerverwalter dann aus dem Hörer die Wörter: ›vier, sieben, fünf, eins‹.«
»Das genügt tatsächlich.«
»Nehmen wir weiter an, daß der Lagerverwalter noch wissen möchte, ob ein Artikel nachbestellt wurde. Dafür gibt es im Speicher des Computers sicher ein Merkmal, sagen wir ein ›N‹ bei der Artikelnummer. Es wäre nun nicht schwer, auf das Tonband neben den Ziffernwörtern auch noch das Wort ›nachbestellt‹ aufzunehmen. Jetzt sagt der Computer dem Lagerverwalter durch das Telefon nicht nur, wieviel Stück von einem Artikel noch vorhanden sind, sondern er fügt bei Bedarf auch das Wort ›nachbestellt‹ hinzu.«
»Klingt ganz hübsch«, meinte Dr. X. »Aber warum soll ein Computer telefonieren? Er kann doch die Zahlen auf einem Bildschirm zeigen. Das wäre der übliche Weg.«
»Überhaupt«, wandte ein anderer ein, »kann man denn einen Computer anrufen? Da muß er doch verstehen, was man ihm durch das Telefon sagt . . .«

Ein Fernsprechteilnehmer, dem man Fragen in die Wählscheibe dreht

»Über einen Telefonanschluß eine Verbindung zu einem Computer herzustellen, ist kein so schwieriges Problem«, sagte ich. »Der gleiche Strom, der ein normales Telefon klingeln läßt, wenn wir die richtige Nummer gewählt haben, kann auch zum Einschalten eines Computers oder besser zum Einschalten bestimmter Programme in einem Computer genützt werden.
Wir nehmen den Hörer ab, wenn das Telefon klingelt. Ein entsprechend

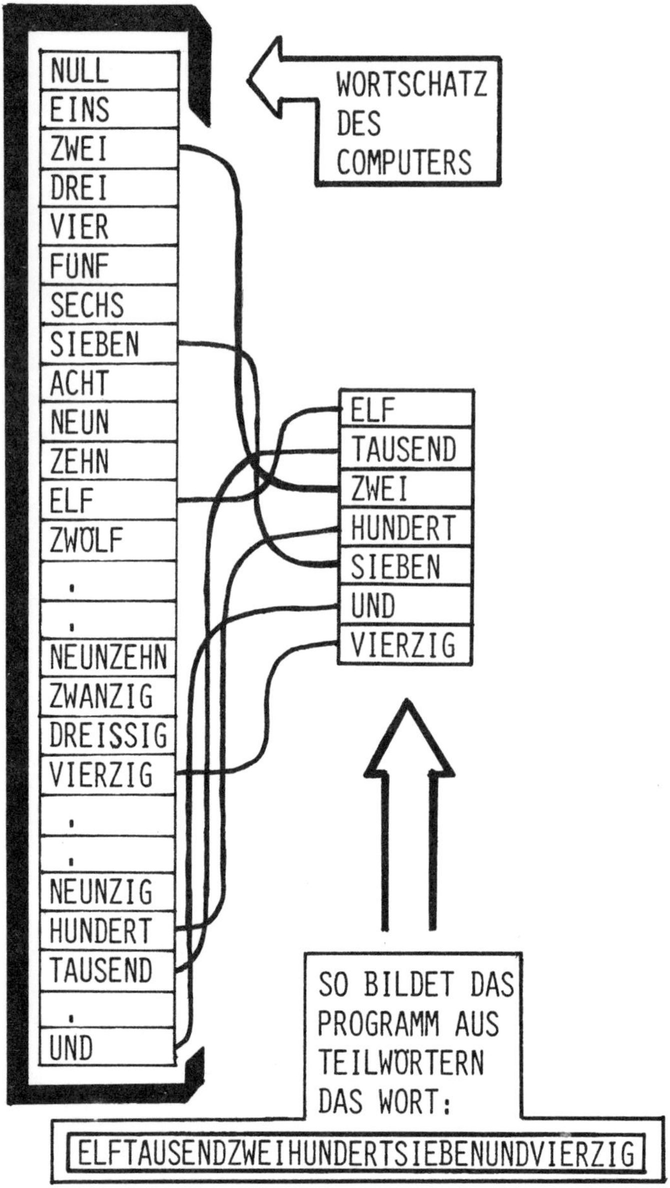
NULL
EINS
ZWEI
DREI
VIER
FÜNF
SECHS
SIEBEN
ACHT
NEUN
ZEHN
ELF
ZWÖLF
.
.
NEUNZEHN
ZWANZIG
DREISSIG
VIERZIG
.
.
NEUNZIG
HUNDERT
TAUSEND
.
UND
WORTSCHATZ DES COMPUTERS
ELF
TAUSEND
ZWEI
HUNDERT
SIEBEN
UND
VIERZIG
SO BILDET DAS PROGRAMM AUS TEILWÖRTERN DAS WORT:
ELFTAUSENDZWEIHUNDERTSIEBENUNDVIERZIG

vorbereiteter Computer hingegen stellt sich, wenn der Klingelstrom ihn erreicht, auf Telefonverkehr ein, indem er sich auf bestimmte Weise mit der Telefonleitung verbindet. Diese Verbindung ermöglicht ihm, Wörter von seinem Tonband zum anderen Ende der Telefonleitung – also zum Anrufer – zu schicken. Außerdem gestattet sie ihm das Empfangen der Stromstöße, die ab jetzt von der Wählscheibe des Anrufers kommen.
Ein Telefonat zu einem Computer mit Telefonanschluß läuft dann zum Beispiel so ab: Wenn wir seine Nummer wählen, meldet er sich mit der Tonbandstimme und sagt ›Hier Computer ABC‹. Nun drehen wir auf der Wählscheibe die Nummer fünf. Diese Nummer kommt direkt beim Computer an und sagt ihm, daß er das Programm, das diese Nummer hat, bereitstellen soll. Das ist das Lagerauskunftsprogramm. Sobald der Computer das getan hat, meldet er uns mit Hilfe seiner Tonbandstimme ›Lagerauskunft bereit‹. Nun drehen wir auf der Wählscheibe des Telefons die Nummer des Artikels, dessen Lagerbestand uns interessiert. Der Computer – besser gesagt, das Programm – wartet schon auf diese Nummer, besorgt aus dem Speicher die dort für den Artikel verzeichnete Stückzahl und gibt uns mit Tonbandstimme die Antwort: ›Artikel null fünf neun, Bestand null acht fünf‹.«
»Das bedeutet wohl, daß von Artikel Nummer neunundfünfzig noch fünfundachtzig Stück am Lager sind?«
»Richtig.«
»Warum sagt er nicht ›fünfundachtzig‹?«
»Möglich ist das«, sagte ich, »doch wird das Verfahren dann komplizierter. Wenn ein Computer mehrstellige Zahlen richtig aussprechen soll, muß er mehr Text auf dem Tonband haben, nämlich alle Teilwörter, aus denen sich lange Zahlwörter zusammensetzen; dazu ein Programm, das die Teilwörter jedesmal in der richtigen Weise verbindet. Verzichtet man

Ein Computer, der Daten als tönende Worte ausgeben soll, muß über einen entsprechenden Vorrat an Wörtern oder Wortteilen – zum Beispiel auf einem Tonband – verfügen. Wenn er nicht nur einzelne Ziffern »sagen« soll, sondern vollständige Zahlwörter, dann braucht er, wie man hier sieht, schon ein ganzes Programm, um sie richtig zusammenzusetzen.

auf diesen Komfort, dann genügen die Ziffernwörter ›null‹ bis ›neun‹.«
»Der Computer hat also einen telefonischen Ansagedienst, ähnlich wie die Post.«
»Nur mit dem Unterschied, daß er seine Ansage nach den Wünschen des Anrufers und nach den Regeln seiner Programme jedesmal neu zusammenstellt.«
»Aber ist es nicht Spielerei, das alles über ein Telefon zu machen?« wiederholte Dr. X. seine Frage.
»Wenn diese Auskünfte nur ein einziger Lagerverwalter haben will, läßt man wahrscheinlich die Antworten billiger auf den Bildschirm einer mit dem Computer verbundenen Datenstation ausgeben. Der Telefonanschluß und die Tonbandsteuerung kosten mehr. Doch denken Sie sich eine Firma, die viele herumreisende Verkäufer beschäftigt, von denen jeder wissen muß, welche Waren in welcher Menge am Lager und damit lieferbar sind. Für diese Verkäufer gibt es doch keinen einfacheren Weg als solch einen Telefonanruf beim Computer.«
»Dann könnten die Reisenden auch ihre Verkäufe gleich per Wählscheibe an den Computer melden!«
»Natürlich geht das«, sagte ich.
»Und der Computer würde die Verkäufe von seinen Bestandszahlen abziehen.«
»So erhielte der nächste Anrufer wieder eine ganz genaue Auskunft.«
»Der Computer könnte auch Liefertermine mitteilen.«
»Und Preise und alles, was der Reisende sonst noch wissen will . . .«
So brachte jeder seine eigenen Ideen zur telefonischen Computerauskunft, bis jemand zu dem älteren Herrn sagte: »Da haben wir ja schon Ihren halben Maschinenmenschen – sozusagen eine Puppe mit Tonband im Bauch.«

Geräuschimitator und synthetische Stimme machen das Tonband entbehrlich

Nicht jeder sprechende Computer leiht sich seine Stimme von einem Tonband. Das Hin- und Herspulen des Bandes ist umständlich und kostet Zeit. Zeit aber ist bei Computern teuer. Deshalb hat man sich noch einen anderen Weg zu einer »Computerstimme« ausgedacht: die »synthetische Sprache« mit Hilfe elektronischer Klangerzeuger.
Es ist schon lange möglich, mit elektronischen Geräten Töne in solcher Vielfalt hervorzurufen, daß sich damit nicht nur Klänge von Musikinstrumenten, sondern auch Geräusche nachahmen lassen, wie sie beim Sprechen entstehen – tönende Vokale ebenso wie das Zischen der Konsonanten oder nasales Summen. Läßt man diese Geräusche in der richtigen Weise aufeinander folgen, dann entstehen gut verständlich gesprochene Wörter. Sie klingen zwar etwas künstlich und leblos, aber das tut der Deutlichkeit keinen Abbruch.
Das Zusammensetzen der einzelnen Laute zu einem »Wortlaut« ist eine Steuerungsaufgabe, für die der Computer sich gut eignet. Es lag also nahe, nach Wegen zu suchen, auf denen sich Daten aus dem Speicher des Computers in solche Lautfolgen umsetzen lassen. Wenn man nur eine begrenzte Anzahl von Wörtern für die Sprachausgabe vorsieht, ist das kein Problem. Jedem Wort ordnet man das nötige Steuerprogramm für den elektronischen Geräuscherzeuger zu. Will der Computer eines der Wörter »sagen«, so schaltet er das entsprechende Programm ein. Dieses versorgt den Geräuscherzeuger mit den nötigen Steuerdaten – und schon tönt aus Lautsprecher oder Telefon die »synthetische Stimme«. Der Vorteil gegenüber den Tonbandverfahren: Alles geht elektronisch und sehr schnell, da kein Tonbandgerät in Gang gesetzt und keine schwerfälligen Bandspulen bewegt werden müssen.
Wollte man dem Computer einen großen Wortschatz geben, dann brauchten die entsprechenden Programme sehr viel Speicherplatz. Deshalb gingen die Konstrukteure noch einen Schritt weiter: Sie erdachten Verfahren, mit denen der Computer gespeicherte Texte sprechen kann, ohne

daß er für jedes Wort ein vorgefertigtes Programm hat. Bei diesen Verfahren untersucht der Computer jedes auszugebende Wort und stellt selbst das nötige Programm dafür zusammen. Ein Vorrat von fertig programmierten, häufig vorkommenden Wortteilen – besonders für die Vor- und Nachsilben – vereinfacht ihm seine Arbeit. Nun kann er beliebige Wörter und natürlich auch längere Texte sprechen und ist nicht mehr auf das Vorhandensein kompletter Einzelwortprogramme angewiesen.

Selbstverständlich müssen alle auszugebenden Texte der gleichen Sprache angehören. Hat der Computer die deutsche Aussprache gelernt, dann bringt ihn ein Fremdwort – etwa ein französischer Ausdruck – sehr in Verlegenheit, oder besser gesagt: uns zum Lachen. Woher soll er wissen, daß zum Beispiel für die Aussprache des Wortes »Coiffeur« seine deutschen Sprechregeln nicht gelten – das erheiternde Ergebnis können wir uns denken.

Aber schließlich soll der Computer weder ein Bildungsprotz noch ein Vortragskünstler werden. Den wohltönenden, vollkommen artikulierten Vortrag hören wir uns immer noch lieber von einem richtigen Menschen an, als von einem Automaten. Für die Aufgaben, bei denen uns der Computer helfen soll, genügt eine hinreichend verständliche Aussprache – auch wenn sie etwas unbeholfen und linkisch wirkt.

Im Ohr des Computers werden Luftschwingungen zu Bits

»Wie aber kann ein Computer Wörter, die er von uns gesagt bekommt, hören und verstehen?« fragte mein Gastgeber. »Mit dem Silbenzählen, wie es meines Onkels Zigarettenbursche tut, wird er sich sicher nicht begnügen.«

»Mit Silbenzählen kommen wir nicht weit«, sagte ich. »Immerhin zeigt uns Ihre Puppe etwas Wichtiges: Man muß versuchen, ein möglichst

einfaches Verfahren zum ›Verstehen‹ eines Wortes oder eines Satzes zu finden. Oder anders ausgedrückt, ein Computer soll Wörter nicht verstehen, wie ein Mensch sie versteht. Er soll nur die ihn betreffenden Wörter voneinander unterscheiden können – und natürlich auch von sonstigen Wörtern, die man ihm fälschlicherweise sagt oder die er hört, obwohl sie ihn nichts angehen. Der Puppe reicht es, wenn sie zwischen viersilbigen und sechssilbigen Kommandos unterscheiden kann.
Sind jedoch unsere Ansprüche an den Umfang des einem Automaten verständlichen Wortschatzes höher, dann genügt das Erkennen an der Silbenanzahl nicht. Auch wenn wir uns auf wenige Wörter oder Sätze beschränken würden, gäbe es darunter zuviele mit der gleichen Silbenanzahl; ein silbenzählender Computer könnte sie nicht auseinanderhalten.«
»Also muß er die Wörter selbst verstehen? Zerlegt er sie dazu in ihre Buchstaben?«
»Das ist theoretisch denkbar, aber in der Praxis sehr kompliziert. Gehen wir auch hier einmal von einer einfachen Aufgabe aus: Wir wollen dem Computer nur Zahlen zurufen. Die soll er erkennen. Um es ihm leicht zu machen, wollen wir ihm diese Zahlen in einzelnen Ziffern sagen; also nicht ›Hundertfünfundachtzig‹ sondern ›Eins Acht Fünf‹.
Dazu geben wir ihm ein Ohr in Form eines Mikrophons. Mit dem kann er die Ziffernwörter, die wir ihm sagen, aufnehmen. Aber das Mikrophon allein hilft nicht viel. Es wandelt die Schallschwingungen in Stromschwingungen um. Was soll ein Computer, der durch und durch auf Bits eingestellt ist, der nur ›Schalter auf‹ und ›Schalter zu‹ versteht, mit elektrischen Schwingungen?
Nun kann man elektrische Schwingungen messen. Die Meßergebnisse sind Zahlen. Zahlen aber kann ein Computer bekanntlich speichern und verarbeiten. Also muß man ihm eine Einrichtung bauen, die vom Mikrophon kommende Stromschwingungen ausmißt und die Meßergebnisse als Zahlen weitergibt; etwas vereinfacht gesagt: eine Einrichtung, die Schallwellen in Bits umwandelt.
Solche Umwandlungsapparaturen sind außerordentlich schwer zu verwirklichen und erfordern eine komplizierte Technik. Man beschränkt sich

dabei natürlich auf die Meßwerte, die unbedingt zum Unterscheiden verschiedener Wörter nötig sind.«

»So, wie sich das Wortverständnis der Puppe von Herrn Dr. X. auf das Silbenzählen beschränkt?« fragte jemand.

»Ja. Die Puppe zeigt uns, was für ihre Aufgabe das ›Unbedingt-Nötige‹ ist. Soll ein Apparat – zum Beispiel ein Computer – beliebige Wörter an ihrem Klang unterscheiden können, so ist dieses ›Unbedingt-Nötige‹ schon eine sehr große Menge von Merkmalen, die durch komplizierte Rechenmethoden gewissermaßen aus dem Meßergebnis herausgefiltert werden müssen.«

»Wenn ich Sie recht verstehe, kann dann der Computer zwar Wörter voneinander unterscheiden, aber ihre Bedeutung kennt er noch nicht.«

»Ganz richtig. Wir können ihn mit einem Analphabeten vergleichen, einem Menschen, der zwar nicht zu lesen, dennoch aber gedruckte Wörter nach ihrer Gestalt zu unterscheiden vermag.«

»Es fehlt also noch der zweite Schritt, der zum Verstehen der Wörter führt. Auf welche Weise gelingt er dem Computer?«

»Wenn ich einen Computer mit einem Schallwellen-in-Bits-Umwandler habe und ihm ein Zahlwort ins Mikrophon sage, wird als Umwandlungsergebnis eine komplizierte Bitfolge in seinen Speicher wandern. Durch ein Programm kann ich den Computer veranlassen, daß er dieser Bitfolge den Wert gibt, den ich gleichzeitig in seine Tastatur eingebe, und daß er sich diese Verbindung von Bitfolge und Wert für die künftige Arbeit merkt. Sage ich zum Beispiel das Wort ›fünf‹ ins Mikrophon und drücke auch auf der Tastatur die Taste mit der Fünf, dann ›lernt‹ er, daß die durch die Schallwellen verursachte Bitfolge den Wert ›Fünf‹ bedeutet. Wenn ihm das Mikrophon später wieder einmal Stromschwingungen liefert, die umgewandelt diese Bitfolge ergeben, so kann er selbst durch Vergleichen mit der ›Vorlage‹ in seinem Speicher feststellen, daß da einer ›Fünf‹ gesagt hat.«

»Auf diese Weise lernt er jedes Wort verstehen!«

»Ja, man sagt ihm das Wort ins Mikrophon und tippt es gleichzeitig in die Tastatur.«

»Er lernt es selbst!«
»Und jedes beliebige Wort!«
Während sich alle lebhaft die künftigen Möglichkeiten ausmalten, die das eben Gehörte ihnen zu eröffnen schien, trat ich zu dem alten Herrn, der am Fenster stand und in den Nachthimmel hinaussah.
»Den Rakentenflug zum Mond hätten wir uns damals, in meiner Jugend, schon vorstellen können«, sagte er, »aber eine Maschine, die Gesprochenes verstehen lernt? – Jetzt glaube ich fast, der Maschinenmensch wird noch Wirklichkeit. Was meinen Sie?«
»Hoffentlich nie!« sagte ich. »Wir brauchen ihn auch nicht. Was würde er uns nützen? Nützen können uns dagegen technische Apparate, die uns Arbeit abnehmen. Niemand käme auf die Idee, unsere Autos ›Maschinenpferde‹ zu nennen. Die Erfinder des Automobils hatten keinesfalls die Absicht, Pferde künstlich nachzuahmen. Und die sprechenden, hörenden und lernenden Computer, von denen ich Ihnen erzählte, haben ebensowenig etwas Menschenähnliches. Sie stellen komplizierte Technik dar. Sie sind auch nicht intelligent, wie man häufig hört. Sie spiegeln bestenfalls ein winziges Stückchen der Intelligenz ihrer Konstrukteure, aber sie bleiben immer geistlose Maschinen.«
»Auch in hundert Jahren noch? Bisher ist die Technik stets fortgeschritten!«
»Man schätzt, daß heute in der Technik etwa eine Billion Mikrotransistorfunktionen eingesetzt sind – das entspricht ungefähr der Kapazität eines einzigen menschlichen Gehirns. Aber nähme man alle diese Transistoren zusammen – es würde doch kein Gehirn daraus. Das weitaus kompliziertere fehlt nämlich: die Schaltung. Sicher werden im Lauf der kommenden Jahrzehnte viel mehr Transistoren in viel komplizierteren Schaltungen arbeiten . . .«
»Und dann? Warum stocken Sie? Ich errate es: Auch Sie können nicht vorhersehen, was einst aus der Computertechnik entstehen wird. Lassen Sie mich den Satz beenden: Ich halte es nicht für unmöglich, daß man eines Tages dicht an einen fast-intelligenten Computer herankommt – durchaus nicht unmöglich – ich werde es nicht mehr erleben. Aber ich

hoffe für alle, die sich dann ihres Daseins auf unserer Erde erfreuen, daß sie wissen werden, was sie mit künstlicher Intelligenz machen dürfen – und was sie nicht machen dürfen.«

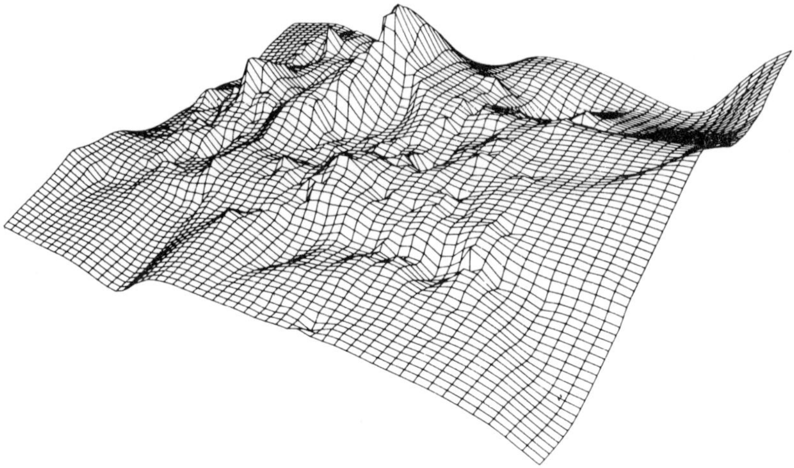

Computer können die Ergebnisse ihrer Arbeit auch in Form von Kurven oder Diagrammen ausgeben. Selbst so komplizierte »räumliche« Darstellungen wie diese sind mit entsprechenden Programmen möglich. Sichtbar gemacht werden sie auf dem Bildschirm oder mit einem computergesteuerten Zeichengerät auf bis zu tischgroßen Papierbögen.

Spracheingabe – eine überflüssige Spielerei?

Brauchen wir Computer, die den Sinn eines gesprochenen Wortes herausfinden können? Reicht es nicht, wenn wir ihnen mit Hilfe von Tasten mitteilen, was wir von ihnen wollen, oder ihnen mit Hilfe von Strichcode-Lesestiften die Daten übermitteln, die sie speichern oder verarbeiten sollen? Haben nicht die Konstrukteure genug getan, als sie auch noch Leseverfahren für gedruckte und geschriebene Schriften entwickelten?

Wozu nun nach dem geschriebenen Wort auch noch das gesprochene Wort?

Die Verfechter der Spracheingabe sagen: Das Bedienen von Tastaturen ist umständlich, es kostet Zeit und erfordert Übung. Spracheingabe ist einfacher und geht schneller, denn sprechen kann jeder. Weist man sie auf die schnell und zuverlässig funktionierenden Lesegeräte für Strichcodes und normale Schrift hin, so argumentieren sie: Codes und Schriften müssen erst gedruckt werden, ehe das Lesegerät sie lesen und in den Computer eingeben kann; Spracheingabe benötigt nur den Mund – den führt jeder stets mit sich.

Andere Leute halten von der Spracheingabe in den Computer weniger, sie sagen: Spracheingabe ist zu teuer. Viele Daten, die der Computer verarbeiten soll, müssen ohnehin vorher mit einer Schreibmaschine getippt werden – warum nicht gleich in computerlesbarer Schrift? Außerdem ist die Spracheingabe viel zu ungenau. Woher weiß ein Sprecher, daß der Computer ihn richtig verstanden hat?

Dazwischen stehen die, die weder schwarz noch weiß malen wollen. Sie sagen: Es gibt tatsächlich Fälle, wo die Spracheingabe nützlich ist. Zum Beispiel, wenn jemand die Hände nicht zum Eintippen von Daten frei hat, weil er mit ihnen gleichzeitig etwas anderes tun muß – dann ist die Spracheingabe sozusagen sein ›dritter Arm‹. Oder wenn jemand in einem Raum umhergehen und dabei Daten eingeben will. Schließlich gibt es Aufgaben, bei denen das Tippen von Daten zu lange dauert, weil der Computer sofort auf das reagieren muß, was man gerade festgestellt hat und ihm sagt.

In solchen Fällen, das geben wir zu, kann die Spracheingabe sehr nützlich sein. So bleiben die Fragen: Ist sie nicht zu teuer? Ist sie zuverlässig genug? Darauf sagen die Konstrukteure: Je weniger Wörter der Computer verstehen muß, um so weniger kostet die Sache und um so verläßlicher wird er diese Wörter in die richtigen Bits umsetzen.

Da wir dem Computer das Hören nicht beibringen wollen, um ihm lange Reden zu halten, sondern um ihm bei bestimmten Aufgaben kurze Kommandos und knapp formulierte Daten zurufen zu können, ist

Beschränkung auf einen kleinen Wortschatz meist kein Problem. Für viele Anwendungen der Spracheingabe genügt es, wenn der Computer einige Dutzend Wörter versteht.
Stellen wir uns zum Beispiel einen Kontrolleur an einem Fließband vor, der dem Computer Nummern, Menge und sonstige Beschaffenheit der vor ihm vorbeigleitenden Werkstücke melden will. Weil er die Stücke in die Hand nehmen oder umdrehen muß, um sie genau anzusehen, kann er keine Tastatur bedienen und ist auf die Spracheingabe angewiesen. Ihm genügen wenige Wörter zum Bezeichnen und Beschreiben der Werkstücke. Allen voran natürlich die Wörter für die zehn Ziffern sowie Wörter, die die Bedeutung der eingegebenen Zahlen erläutern, etwa »Höhe«, »Breite«, »Länge« und »Güteklasse«, dazu vielleicht Wörter für Farben oder Formen. Für solche und ähnliche Aufgaben wird die Spracheingabe in den Computer eines Tages Selbstverständlichkeit werden.

Das gleiche Wort – von Sprecher zu Sprecher eine andere Bitfolge

Computer sind Genauigkeitsfanatiker. Damit es ja keinen Irrtum gibt, erkennen sie nur zwei Zeichen an: die binäre Null und die binäre Eins. Was davon abweicht, lehnen sie ab, da lassen sie nicht mit sich handeln. Halbheiten gibt es nicht! Wer einem Computer Daten zum Verarbeiten

Was auf diesem Bild aus einem Versuchslabor für Computer-Spracheingabe zu sehen ist, könnte man die »Deutschstunde des Computers« nennen. Der Laboringenieur »trainiert« mit dem Computer das Verstehen von zweiunddreißig Wörtern, darunter die Wörter »Null« bis »Neun«, indem er die Bedeutung an dem Gerät zu seiner Rechten einstellt und dann die Wörter zehnmal ins Mikrophon spricht. An den Computer ist der auf dem Bild sichtbare Greifarm angeschlossen. Wenn der Computer seine Lektion gelernt hat, wird er nach gesprochenen Kommandos den Arm so steuern, daß dieser von den mit 0 bis 5 bezeichneten Plätzen (vorn im Bild) Gegenstände holt und sie in die Kästen 0 bis 2 (hinter der Säule des Greifarms) legt.

2
2
3
4
1

geben will, die anders geartet sind, zum Beispiel Dezimalziffern oder Buchstaben, muß sich deren Umwandlung in Bits gefallen lassen.
Weil die zehn Dezimalziffern und die sechsundzwanzig Buchstaben nebst Punkt, Komma und so weiter noch eine gut überschaubare Menge sind und jedes dieser Zeichen in seiner Bedeutung gar nicht mißverstanden werden kann, ist für sie diese Umwandlung kein Problem. Wenn ich auf der Tastatur einer Datenstation ein »A« tippe, kann der Computer nichts anderes darunter verstehen. Selbst dann, wenn ich versuche, die Taste »ungenau« zu drücken: zu fest, zu schwach oder schief – entweder kommt beim Computer exakt die Bitfolge an, die für »A« festgelegt ist, oder es kommt gar nichts an. Nie wird ein Bit fehlen, weil ich die Taste zu kurz drückte, nie ein Bit zuviel entstehen, weil ich sie zu lange festhielt. Außerdem ist alles so eingerichtet, daß man genau weiß, wann oder wo die Bitfolge für ein Zeichen beginnt, wieviel Bits sie enthalten muß, in welchen Zeitabständen sie ankommen und wo die Folge aufhört. Mit einem Wort: Es herrscht in jeder Beziehung peinlichste Ordnung.
Da kommt nun das Mikrophon und will ebenfalls Eingabegerät spielen! Ganz bescheiden zunächst: Nur Ziffern soll der Computer erkennen. Der Weg zum Erkennen gesprochener Wörter führt, wie wir schon hörten, über das Ausmessen der elektrischen Schwingungen, die das Mikrophon liefert. Das ergibt eine Menge von Zahlen, die gewissermaßen den Steckbrief für ein gesprochenes Wort bilden. Der Computer übersetzt die Zahlen in eine noch längere Bitfolge, die in seiner Maschinensprache dem entspricht, was der Sprecher ins Mikrophon sagte.
Und was sagte der ins Mikrophon? Schlicht und einfach »Eins«. Der Computer merkte sich die Bits, die aus diesem Wort entstanden. Gehorsam lernte er, daß dieser Bit-Steckbrief nichts anderes als die Zahl Eins darstellte. Jetzt wartete er auf die nächste Spracheingabe, auf das nächste Wort des Sprechers, um sich sofort zu melden, wenn er wieder eine Eins erkennen würde – so schrieb es ihm sein Programm vor.
Nun sagte der Sprecher noch einmal »Eins«. Dabei dehnte er, ohne es zu wollen, das »N« ein kleines bißchen, so wenig, daß es weder ihm noch den Umstehenden auffiel. Aber diese Dehnung änderte eine der Meßzahlen,

und der Computer war ratlos. Die neue Bitfolge paßte nicht zu seinem Steckbrief. Zwei Bits stimmten nicht überein. Woher hätte er denn wissen können, daß auch die neu angekommene Bitfolge aus dem Wort Eins entstanden war?
Nachdem der Sprecher noch einige weitere Male vergeblich »Eins« gesagt hatte, merkten die Ingenieure, daß sie das Sprachlernprogramm des Computers ändern mußten. Er sollte nun von einem Wort nicht nur einen einzelnen Steckbrief herstellen, sondern gleich mehrere, oder besser gesagt: einen Steckbrief mit mehreren Ansichten des Gesuchten. Zehnmal mußte ihm der Sprecher das Wort vorsagen. Immer möglichst gleich schnell, gleich deutlich. Aber der Computer spürte die Unterschiede heraus und lernte nun, in welchen Grenzen ein Geräusch – denn mehr war das ja zunächst nicht, was er empfing – als Eins zu verstehen war. Der neue Steckbrief paßte auch dann, wenn die Aussprache etwas schwankte. Erfreut stellten Ingenieure und Sprecher fest, daß der Computer die solchermaßen »geübten« Wörter später meist auf Anhieb erkannte. Wenn nicht, dann schrieb er »Bitte wiederholen« auf den Bildschirm und beim zweitenmal klappte es in der Regel. Nachdem der Computer auf diese Weise einige Wörter gelernt hatte, sagte ein Kollege des Sprechers: »Ich möchte mal probieren, ob er auch mich versteht.«
Daß das nicht gelang, können wir uns leicht denken: Wenn der Computer das gleiche Wort desselben Sprechers nicht ohne mehrere Proben wiedererkennt, wie sollte er dann mit der Stimme eines anderen Menschen zurechtkommen. Das Ergebnis all dieser Versuche: Jeden neuen Sprecher muß der Computer erst kennenlernen. Mögen zwei Menschen ein Wort auch noch so ähnlich sprechen, für ihn sagt jeder etwas anderes. Mit jedem Sprecher muß er erneut die zehnmalige Übung veranstalten. Soll er also zum Beispiel die Namen der zehn Ziffern in der Sprechweise von zehn verschiedenen Personen verstehen, so muß er nicht zehn, sondern zehn mal zehn Steckbriefe speichern.

Neulich erzählte ich das dem alten Herrn, den ich auf der Abendgesellschaft von Dr. X. kennengelernt hatte. Er meinte dazu:

»Es gibt vielleicht hundert Millionen Menschen, die die deutsche Sprache sprechen. Ich traue mir zu, jeden von ihnen zu verstehen, wenn er keine allzuschwierige Mundart gebraucht – und zwar ohne vorheriges Üben. Wirklich, es ist ein Unding, Computern menschenähnliche Intelligenz abzuverlangen.«

»Die Fähigkeiten eines Menschen beim Verstehen von Sprache gehen ja noch viel weiter«, ergänzte ich. »Nicht nur schnell oder langsam, laut oder leise Gesprochenes versteht er in weiten Grenzen, er kann auch zusammenhängend gesprochene Wörter trennen, gestotterte zusammenfügen und erkennt überdies aus dem Satzbau die besonderen Bedeutungen des Gesagten – ja, er errät häufig den richtigen Sinn eines Satzes auch dann noch, wenn ihm ganze Wörter fehlen.«

»Meinen Sie, daß es ein Computer überhaupt einmal so weit bringen wird?«

»Es gibt Theorien darüber, wie die Lösung solcher Probleme versucht werden könnte. Doch auch die Theoretiker sind sich über die Schwierigkeiten einig oder besser gesagt über die Unzulänglichkeit der heutigen Technik für die Verwirklichung solcher Pläne. Auch der technische Fortschritt, soweit er heute voraussagbar ist, läßt noch nichts erwarten, was entfernt der Leistung unseres Gehirns beim Erkennen und Verstehen von Sprachen vergleichbar wäre.«

Aus der Not eine Tugend gemacht – der akustische Daumenabdruck

Ich weiß nicht, wie die Ingenieure, die Akustiker und die Programmierer reagiert haben, als sie erleben mußten, daß der Computer außerstande war, mit einem Hörprogramm mehr als eine Person zu verstehen. Möglich, daß einer von ihnen plötzlich nachdenklich wurde, die anderen weiter auf das bockige Computer-Versuchskaninchen schimpfen ließ, die Augenbrauen hochzog und mit wissendem Lächeln den Kollegen erklärte:

»Sachte, sachte! Wir haben doch gerade etwas ganz Tolles erfunden! Merkt ihr es gar nicht?«
»Was denn?«
»Den akustischen Daumenabdruck!«
»Wie bitte? Da können wir leider nicht folgen.«
»Nun also: Wir haben unserem Computer ein Ohr konstruiert, stimmt's?«
»Niemand bezweifelt das.«
»Dieses Ohr hat sich als sehr genau erwiesen; genauer, als wir uns wünschten. Wir wollten ja ein Ohr, dem alle Stimmen gleich klingen. – Könnt ihr mir noch folgen?«
»Natürlich!«
»Aber es ist nun einmal so: Dem Computerohr klingen die Stimmen verschieden. Also nutzen wir doch diese Tatsache!«
»Und wie, wenn man fragen darf?«
»Zum Beispiel als akustischen Schlüssel, der den Computer Türen öffnen läßt, als akustischen Ausweis, den der Computer prüft, bevor er jemandem vertrauliche Daten aus seinem Speicher auf das Sichtgerät liefert . . .«
Das war ein ganz neuer Gesichtspunkt. Eine Person an ihrer Stimme erkennen. Da konnte man ja aus der Not eine Tugend machen! Rasch gingen alle ans Probieren und Programmieren. Der Computer mußte sich in schon geübter Weise merken, welches Geräusch entstand, wenn jemand seinen Namen sagte: Herr Hase sagte zehnmal »Hase« und tippte es auch in die Tastatur. Nun schaltete man das Programm von »Lernen« auf »Erkennen«. Auf dem Computer-Bildschirm erschien die Aufforderung:

BITTE SAGEN SIE IHREN NAMEN

»Hase«, sagte Herr Hase. Einige Sekunden später flimmerte es freundlich vom Schirm:

ICH FREUE MICH ÜBER IHREN BESUCH,
HERR HASE! – GUTEN TAG!

Nach einer kleinen Pause forderte der Computer programmgemäß erneut auf:

BITTE SAGEN SIE IHREN NAMEN

»Hase«, sagte wieder jemand ins Mikrophon. Prompt reagierte der Unbestechliche mit

TUT MIR LEID! SIE SIND NICHT DER, FÜR DEN SIE SICH AUSGEBEN!

Recht hatte er, denn diesmal war Herr Fuchs es gewesen, der den Namen von Herrn Hase gesprochen hatte.

An den folgenden Tagen wurden einige Kollegen zu Sprechversuchen in das Labor geladen. Zwei Wochen später versammelte der Laborchef die gleichen Personen wieder um den Versuchscomputer. (Ob jemand daran dachte, daß an diesem Tag der April begann, weiß ich nicht.) Der Chef hielt ein kurzes Referat:

». . . und so ist es uns gelungen, unserem Computer auch noch ein Auge zu geben – hier in diesem schlichten schwarzen Kästchen ist es verborgen. Mit ihm kann er erkennen, welche Person vor ihm steht . . .«

Erstauntes Murmeln ging durch die Versammelten.

». . . welche Person vor ihm steht. Aber ersparen Sie mir jetzt technische Erörterungen. Schreiten wir zur Demonstration. Bitte gehen Sie einzeln nach vorn und sagen Sie ›Guten Tag‹! Sagen Sie auf keinen Fall Ihren Namen! Sagen Sie nichts als ›Guten Tag‹! Auch die Umstehenden bitte ich, unter keinen Umständen einen Namen zu nennen. Sie würden damit die Authentizität der Personenerkennung durch unseren Computer beeinträchtigen! – Es kann beginnen. Hier ist das Mikrophon.«

Da trat auch schon Fräulein Uta vor, die Laborassistentin. Neugierig schaute sie zu dem geheimnisvollen Kästchen und sagte: »Guten Tag!«

Einige Atemzüge Stille und Spannung, dann Laute der Überraschung, denn auf dem Bildschirm leuchtete:

GUTEN TAG, FRÄULEIN UTA!

»Aber mich erkennt er bestimmt nicht!« meinte der skeptische Herr Wurzenberger, trat vor und grüßte: »Guten Tag.«

Gerade wollte er hinzufügen, daß er nur kein Spaßverderber sein wolle, da sah er zu seinem Erstaunen auch seinen Namen auf dem Bildschirm.

»Das geht doch nicht mit rechten Dingen zu!« rief er, als der Computer noch drei Assistentinnen und zwei Ingenieure mit den richtigen Namen begrüßt hatte.
»Nun machen Sie mal Ihren Wunderkasten auf!« Er hob den schwarzen Behälter hoch, in dem sich das Computerauge befinden sollte – und hielt ein leeres Gehäuse in der Hand . . .
Der Trick bei der Sache? Jede der Versuchspersonen hatte in den vorausgegangenen Tagen einmal bei Sprechproben mitgewirkt und unter anderem auch »Guten Tag« gesagt. Der Helfer, der dem Computer jeweils auf der Tastatur die Worte mitteilen mußte, tippte aber diesmal nicht »Guten Tag«, sondern den Namen des Sprechers in die Tasten. So hatte der Computer gelernt, welcher Name zu welchem »Guten Tag« gehörte. Alles andere war nur ein bißchen Programmierarbeit und Hokus Pokus gewesen.
»Sprecheridentifikation« nennt man das, was wir hier als »akustischen Daumenabdruck«, »akustischen Schlüssel« und »akustischen Ausweis« bezeichneten. Mit etwas Phantasie kann man sich viele Anwendungsmöglichkeiten dieses Seitenzweiges der Computer-Spracheingabe ausdenken: Der ins Mikrophon gesagte Name öffnet die Tür zum Rechenzentrum, schaltet individuelle Computerprogramme ein, ersetzt den Ausweis, das Paßfoto, den Schlüssel und in manchen Fällen die Unterschrift. Hinter dem Mikrophon sitzt der Computer wie ein Wächter hinter seiner Schranke und paßt auf, wer da Zutritt haben will. Und vielleicht ersetzt in der Kriminalistik eines Tages die Stimmprobe den Daumenabdruck – dann wehe den Telefon-Erpressern!

Der Computer läßt sich nicht mit jedem ein – wie sicher ist er wirklich?

Herr Ypsilon hat wieder einmal »ein Stündchen bei Klar« verbracht. So sagt er abends zu seiner Frau, wenn er später als gewöhnlich nach Hause kommt; im Rechenzentrum also, in dem er sich nach so vielen Besuchen schon gut auskennt. Heute hat er selbst ein paar Tasten am Computer drücken dürfen, hat mit Kommandos, die in einem dicken Bedienungsbuch standen, lange Listen auf den Bildschirm gezaubert, hat gehört, wie sich der Drucker rasselnd in Bewegung setzte, um ein »Protokoll« über alles zu drucken, was Ypsilon mit dem Computer machte. Aufregend hatte er es gefunden, daß der Computer zuerst die Frage nach seinem Namen auf den Bildschirm schickte und, als Ypsilon ihn eintippte, kurz und ungerührt antwortete.

NICHT ZUGELASSEN

Daraufhin hatte Klar seinen eigenen Namen eingegeben, dazu eine Nummer, und nun schien der Computer zufrieden und meldete

SYSTEM BEREIT

»Nicht jeder darf an den Computer«, erklärte Herr Klar. »In seinem Speicher befindet sich ein Liste der zugelassenen Benutzer. Jeder von ihnen hat dazu noch einen persönlichen ›Schlüssel‹ in Form einer Nummer, die nur er und der Computer kennen. So verhindern wir, daß jemand unberechtigterweise den Namen eines zugelassenen Benutzers verwendet.«

»Was könnte der denn anstellen?«

»Zum Beispiel sein im Computer gespeichertes Monatsgehalt erhöhen«, lachte Klar.

»Würde man das nicht merken?«

»Das kommt auf das Geschick des Täters an. Der Computer druckt natürlich regelmäßig Gehälterlisten, die die Personalabteilung prüft. Doch wenn jemand sehr gut programmieren kann und die Programme für die Gehaltszahlungen gut kennt, könnte er sie kurz vor der Monatsabrechnung so ändern, daß nur der Betrag erhöht wird, den der Computer in die Gehaltsüberweisung an seine Bank einsetzt – während in den Speichern, aus denen die Gehaltslisten gedruckt werden, die richtigen Zahlen bleiben.«

»Ich stelle mir das sehr umständlich vor, da muß der Gauner doch eine ganze Zeit am Computer arbeiten.«

»Der Mann könnte sich ein kleines Programm schreiben, das ihm Monat für Monat die Sache in einigen Minuten erledigt.«
»Der Gedanke ist ja schrecklich!«
»Sagen wir mal: Er wäre schrecklich, wenn wir nicht für alle möglichen Sicherungen gesorgt hätten. Das beginnt mit der Anmeldung beim Computer mit der persönlichen Kennzahl – sozusagen einem Geheimcode – und endet bei dem Arbeitsprotokoll, das unser Drucker eben ausgegeben hat. In dem können Sie lesen, was Sie unter meinem Namen und unter meiner Kennzahl von sechzehn Uhr fünfundvierzig bis siebzehn Uhr zwanzig mit dem Computer getan haben. Sie werden darin auch vermerkt sehen, daß um sechzehn Uhr vierundvierzig jemand versuchte, mit dem Computer zu arbeiten. Dieser Jemand gab seinen Namen mit Ypsilon an und hatte nicht einmal eine Kennzahl. Der Computer ließ ihn natürlich abblitzen, wie Sie dem Protokoll entnehmen können.«
»Sowas! – Ja, dann würde ich das Protokoll schnell aus dem Drucker nehmen!«
»Vergebliche Mühe«, antwortete Klar. »Es ist dann immer noch im Speicher des Computers. Und wie man es dort löschen kann, das wissen nur zwei Menschen: der Rechenzentrumsleiter und ich.«
»Solch eine Gehaltserhöhung kann ja nur jemand versuchen, der bei Ihnen beschäftigt ist. In welcher Weise könnte denn ein fremder Täter Schaden stiften?«
»Auch er könnte Gelder anzapfen – zum Beispiel, indem er Bezahlungen für Waren anweisen läßt, die nie hier eingetroffen sind. Die Zahlungen gehen auf ein Konto, das er nur für diesen Zweck einrichtet und dann wieder auflöst.
Vielfach geht es aber gar nicht um Geld, sondern um Beschaffung von geschäftlichen oder technischen Informationen, also um Diebstahl von Daten, um Datenspionage sozusagen. Das setzt natürlich voraus, daß in einem Rechenzentrum Daten bearbeitet werden, die einem Dritten nützen können, soviel nützen, daß er dafür das Risiko einer verbrecherischen Tat auf sich nimmt. Es gibt genügend Fälle, in denen das schon geschah.«
»Wie ist das trotz aller Kontrollen und Sicherungsmaßnahmen möglich?«

»Jeder Zaun kann eine schwache Stelle haben und auch die Vorkehrungen gegen Computerkriminalität geben keine absolute Sicherheit. Es hängt zum Beispiel viel von der Verläßlichkeit der in das Sicherheitssystem eingeweihten Personen ab. Manchmal wurde ja auch ein Wächter zum Dieb.«
»Haben Sie für Ihren Computer keine Angst?«
»Offengestanden: ncin. Wir fügten in unsere Programme und in den ganzen Rechenzentrumsbetrieb so viele Kontrollen ein, daß jemand ein Genie – natürlich ein kriminelles Genie – sein müßte, wollte er es mit ihnen aufnehmen.«
Ypsilon nickte eifrig: »Das glaube ich gern! Nach allem, was ich jetzt über die Computertechnik und über das Programmieren weiß, steht für mich fest, daß es kein verläßlicheres Instrument gibt als einen gut programmierten Computer.« Ypsilon war stolz auf die Überzeugtheit, mit der er diesen Satz ausgesprochen hatte.

Die vollständige Programmprüfung – ein aussichtsloses Jahrtausendspiel

Klar schwieg eine Weile, als suche er nach der richtigen Antwort. Dann sagte er: »Mag sein, daß es verläßlichere Instrumente, wie Sie sich ausdrücken, nicht gibt. Man kann das vielleicht sagen, weil kein anderes künstliches Gebilde in der Vielfalt seiner Funktionsmöglichkeiten an einen Computer heranreicht.«
»Schon deshalb, weil man einem Computer eine fast unendliche Menge verschiedener Programme geben kann, nicht wahr?«
»Natürlich. Aber sehen wir uns nur ein einzelnes Programm oder Programmsystem an. Vielleicht wissen Sie noch, was Sie bei unseren ersten Gesprächen über das Programmieren am meisten beeindruckt hat?«
»Die Verzweigungen! Meinen Sie die? Daß der Computer im Programm Weichen stellen kann, stellen muß, abhängig von den Daten, die in

diesem oder jenem Programmteil bearbeitet werden, oder abhängig von den Ergebnissen, die sich in der Zentraleinheit bilden. Also die Vergleichsbefehle und die Sprungbefehle. Mit einem Wort: daß der Computer in dem ganzen großen Programm sich sozusagen immer wieder selbst den richtigen Weg sucht!«

»Haben Sie sich schon einmal vorzustellen versucht, welch ein riesiges, maschenreiches Netz von Wegen so ein Programm darstellt? Da finden wir Hauptstraßen für die ›Normalfälle‹ einer Verarbeitungsaufgabe, aber auch zahlreiche Nebenwege für die ›Sonderfälle‹, die schließlich auch gelöst werden müssen. Viele Programme beginnen deshalb mit einer ausführlichen Untersuchung der zu verarbeitenden Daten, damit diese eine entsprechende Behandlung erfahren, das heißt auf den für sie richtigen Programmweg geschickt werden können. Da stehen zu Programmbeginn bereits eine Menge Sprungbefehle in die verschiedenen Programmteile, in denen wiederum Sprungbefehle die ›Feinverteilung‹ vornehmen. Je nach Arbeitsergebnis schließen sich weitere Verzweigungen des Ablaufs an . . .«

»Halt, Herr Klar! Ich verliere die Übersicht! Ich würde mich bestimmt verirren! Der Computer hoffentlich nicht?«

»Wenn alle in einem Programm möglichen Wegverbindungen sorgfältig ausgearbeitet wurden, wenn jeder Sprungbefehl in der zugelassenen Richtung weiterführt und nicht in einer Sackgasse endet oder zu einer endlosen Wiederholung eines Programmteils führt und der Computer gewissermaßen im Kreis herumfährt, wenn alle Adressen stimmen . . .«

»Aber ein Programmierer wird doch ausprobieren, ob seine Programme in Ordnung sind?«

»Das muß er. Und nicht nur er prüft seine Programme. Besondere Spezialisten untersuchen, ob sie richtig laufen und ob sie sich auch untereinander nicht stören. Große Programmsysteme mit vielen Einzelprogrammen und Zehntausenden von Befehlen werden sogar wochenlang so gut wie nur möglich geprüft.«

»Wochenlang?« staunt Ypsilon. »Dann muß ja zum Schluß alles hundertprozentig stimmen!«

»Leider ist solch eine Prüfung trotz ihrer Dauer und obwohl dabei Spezialprogramme helfen nicht hundertprozentig.«
»Das ist unvorstellbar! Wenn man es nun ganz vollständig machen wollte, wieviel Zeit brauchte man dann?«
»Raten Sie mal.«
»Ein halbes Jahr?« sagte Ypsilon und ist überzeugt, daß er viel zu hoch geraten hat.
»Einige Jahre, mehrere hundert Jahre, ja mehr als tausend Jahre, je nach Umfang der Verzweigungen in einem Programm.«
»Wie kommt das bloß! Kann da kein Computer helfen?«
»Die Mitwirkung des Computers ist bei der, wohlgemerkt theoretischen, Berechnung dieser Zeiten schon berücksichtigt. Er wäre Tag und Nacht mit Prüfen beschäftigt. Der Grund für diese unvorstellbar lange Prüfungszeit sind die Sprungbefehle, die das Programm an immer wieder anderen Stellen weiterlaufen lassen, den vor dem Sprung vorliegenden Arbeitsergebnissen des Computers entsprechend. Je mehr Sprungbefehle ein Programm oder ein System aus mehreren zusammenwirkenden Programmen enthält, um so größer ist die Anzahl der theoretisch möglichen Wege, auf denen es durchlaufen werden kann. Aber von diesen möglichen Wegen wird normalerweise nur ein sehr kleiner Teil gebraucht und auch benützt. Das weiß man, und nur diese Wege prüft man.«
»Aber es wäre doch denkbar, daß der Computer einmal auf einen ungeprüften Programmweg gerät.«
»Es ist denkbar, und es kommt auch vor.«
»Was geschieht dann?«
»Hat man Glück, dann geschieht gar nichts, weil der Weg zwar ungeprüft, aber in Ordnung war.«
»Und wenn doch ein Fehler auftritt? Wenn zum Beispiel ein Programm ein falsches Ergebnis liefert?«
»Dann muß man das Programm sorgfältig untersuchen. Oft liegt die Ursache des Fehlers in einem anderen, schon früher durchlaufenen Programmteil. Sie dort zu finden, ist nicht immer leicht. Die Programmierer nehmen zum Suchen Testprogramme zu Hilfe, die das Arbeitsprogramm

bei seinem Ablauf Schritt für Schritt verfolgen und alle Veränderungen registrieren. Es gibt aber auch Fehler, die nirgends erkennbare Spuren hinterlassen und auch nicht ›künstlich‹ wiederholt werden können, damit man ihr Entstehen besser beobachten kann. In einem solchen Fall ist guter Rat teuer. Man kann nur hoffen, daß sich solch ein Fehler das nächste Mal mit deutlicheren Anzeichen für seine Ursache ereignet – oder nie mehr wieder auftritt.«

Das Werkzeug der Faulen Brüder

Als ich mir die ersten Notizen zu diesem Buch machte, wollte ich ein Märchen an den Anfang stellen: das Märchen von den Faulen Brüdern. Diese Brüder sind ein Sinnbild für die Menschen, die sich ihr Dasein mit Hilfe der Technik erleichtern wollen. Sie sind also eigentlich nicht faul. Sie stehen nur auf dem Standpunkt, daß man durch Nachdenken Dinge erfinden kann, die einem Arbeit abnehmen.
Weil sie keine Lasten schleppen wollten, bauten sich die Faulen Brüder einen Wagen. Weil es ihnen zu mühsam war, den Mahlstein zu drehen, erfanden sie das treibende Wasserrad. Und ich hatte fortfahren wollen: »Weil sie sich nicht dauernd den Kopf zerbrechen wollten, erfanden sie den Computer.«
Doch ich kam ins Überlegen und fragte mich: »Stimmt denn das so? Ist es nicht zu einfach gesagt? Stimmt es auch heute noch?«

Ich sah Zeitschriften und Bücher durch, um zu erfahren, wie andere darüber dachten. Tatsächlich gab es da Autoren, die schilderten eine neue Welt mit einer von Computern verwöhnten Menschheit, die frei sein würde von Kopfzerbrechen und »geisttötender Arbeit«, die eine nie gekannte Menge an Freizeit haben würde. Sie gaben der Geschichte von den Faulen Brüdern recht.
Andere schilderten die riesigen Computersysteme, die bisher unlösbare

Probleme auf sich nehmen, zum Beispiel ganze Städte durch Überwachen der Kreuzungen und Steuern der Ampeln ein für allemal von Autostauungen befreien würden. Auch sie gaben den Faulen Brüdern recht. Dann las ich sogar die erstaunliche Prophezeiung, daß eines Tages Computer so intelligent und dank ihrer riesigen Speicher mit so viel »Wissen« versehen sein würden, daß man ihnen das Wahlrecht geben müsse – ja »müsse« stand da tatsächlich. So weit wollten die Faulen Brüder ganz sicher nicht gehen!
Dann gab es andere Autoren, die malten die »Bedrohung durch den Computer« an die Wand. Er könne Arbeitsplätze wegnehmen, zum Mißbrauch seiner Datenbestände verleiten und vieles mehr. Auch sei eine ganz den Computern anvertraute Verwaltung, ob in Behörden, ob in der Wirtschaft, enorm verwundbar. Diesen Autoren hatten die Faulen Brüder zu viel gewagt. Doch die Optimisten unter ihnen meinten im gleichen Atemzug, dieser Bedrohung sei leicht zu entgehen, alles sei nur eine Frage vorausschauender Planung und die dürfe man bei den Verantwortlichen sicher erwarten.

Herr Klar hat nie überlegen gelächelt, wenn Herr Ypsilon manchmal aus dem Staunen nicht herauskam, darüber, was ein Computer kann, wie unvorstellbar schnell er Befehle ausführt und wie unvorstellbar klein seine Mikroprozessoren und Halbleiterspeicher sind. Klar hat aber mit seinen Computern auch nicht aufgetrumpft. Eigentlich hat er gar nicht viel Aufhebens gemacht von ihren Fähigkeiten. Für Herrn Klar sind Computer höchst nützliche, sehr gut ausgedachte Werkzeuge, weiter nichts . . .
»Schlimm!« höre ich da schon jemanden rufen. »Schlimm, daß dieser Klar sich dabei nichts weiter denkt! Der Computer ist der größte Arbeitsplatzklau und Jobkiller aller Zeiten!«
»Eines Tages wird uns dieses ›Werkzeug‹ beherrschen«, ruft ein anderer. »Der Computer wird all unsere Daten in seinen Speichern haben, wird uns kontrollieren, wird registrieren, was wir tun, wieviel wir sparen, wohin wir reisen, was wir kaufen, was wir lesen . . .«
»Viel zu harmlos gedacht!« ruft ein Dritter. »Er wird nicht nur kontrollie-

ren, was wir lesen, er wird es auch bestimmen. Ein riesiger Computer wird uns zumessen, was wir wissen dürfen, wird uns alle steuern, seine Elektronenarme werden in jedes Haus reichen, werden in jeder Wohnung in einem grauen Bildschirm enden, vor dem wir uns täglich zur Befragung einzufinden haben!«

Der Computer für Jedermann und was sich Fräulein Sachs dazu notiert

Die Presse ist eingeladen. Eben hat Direktor Grote den Journalisten das neueste Computermodell seiner Firma präsentiert. »Das soll er sein?« fragt Fräulein Sachs, die Berichterstatterin der »Neuesten Nachrichten«, flüsternd ihren Nachbarn. Enttäuscht schiebt sie ihren silbernen Kugelschreiber wieder ins Etui. Wer war auch auf einen so winzigen Computer gefaßt: eine Schreibmaschine mit Bildschirm. Da hat man doch wahrhaftig schon Bedeutenderes erblickt.
Direktor Grote scheint das anders zu sehen: »Große Computer – schön und gut! Soll sich der kaufen, der das Geld dazu hat. Das sind immer nur wenige, die allein schaffen das wahre Computerzeitalter nicht. Kleine Computer, die viel können, aber nicht teuer sind, die sich fast jeder leisten kann, werden unsere Welt verändern. Sie erst machen die richtige Computerrevolution . . .«
»Ach, daher weht der Wind!« denkt sich Fräulein Sachs, zückt nun doch den silbernen Kugelschreiber und notiert auf ihrem Block: »Kleiner Computer tritt gegen die großen an. In wenigen Jahren in jedem Heim. Anschluß an große Rechenzentren per Telefon. Was der kleine nicht allein schafft, macht er in ›Computerkopplung‹ über Telefonleitung mit dem großen. Auf diese Weise immense Rechen- und Speicherkapazität frei Haus (wie aus dem Wasserhahn). So geht das Computerzeitalter ins breite Volk. Berufe ändern sich. Wieviel Kopfarbeiter werden Computer-Heimarbeiter? Programme entwickeln, wissenschaftliche Berechnungen,

Konstruktionspläne ausarbeiten und andere Ingenieuraufgaben – alles in der eigenen Wohnung . . .«
»Darf ich Sie mit unserem Chefkonstrukteur bekanntmachen?« sagt Direktor Grote. »Herr Dr. Kranvogel leitet unsere gesamte Entwicklung. Keiner könnte Ihnen besser Rede und Antwort stehen als er.«
Fräulein Sachs schlägt in ihrem Block eine neue Seite auf und lächelt den Chefkonstrukteur an: »Herr Dr. Kranvogel, um wieviel schneller als Menschen arbeiten Ihre Computer?«
Dr. Kranvogel gibt sich freundlich-interessiert. Woher soll diese kleine Journalistin auch wissen, daß ihn diese Frage allmählich langweilt? Unzählige Male schon mußte er sie beantworten: »Das kommt auf die Aufgabe an. Sagen wir: hundertmal schneller.«
»Dann schafft Ihr Computer an einem Tag, wozu ein Mensch . . .«
»Hundert Tage braucht«, ergänzt Dr. Kranvogel zuvorkommend.
»Oder hundert Menschen . . .«
»Einen Tag«, ergänzt Dr. Kranvogel wiederum.
»Und was machen die jetzt?« fragt Fräulein Sachs weiter.
»Wer was macht?«
»Nun, die hundert Leute, deren Arbeit der Computer übernommen hat.«
»Das weiß ich natürlich nicht.« Dr. Kranvogel breitet die Hände aus und legt sie wieder flach gegeneinander. »Es war ja schließlich nur eine theoretische Rechnung.«
»Aber jemand muß doch vorher die Arbeit gemacht haben, die jetzt überall Computer ausführen.«
»Vielleicht . . .«
»Sie sind sich nicht sicher?« Fräulein Sachs kann eine hartnäckige Fragerin sein, das findet auch Dr. Kranvogel.
»Nun«, fährt er fort, »vielleicht hat man vorher solch genaue oder umfangreiche Arbeiten, wie sie der Computer ermöglicht, gar nicht machen können, weil« – jetzt hat er ein gutes Argument gefunden – »weil es die hundert Leute gar nicht gab oder weil sie zu teuer gewesen wären. Unser Computer macht das doch viel billiger!« schließt er, stolz auf seine bündige Antwort.

»Tun denn Computer nur Dinge, für die vorher die Arbeitskräfte oder das Geld fehlten?«
»Natürlich nicht. Es wäre doch ungeschickt, wo sie an so vielen Stellen die Arbeit beschleunigen und verbilligen können.«
»Die Arbeit, die vorher Menschen taten?«
»Wenn diese Menschen länger dazu brauchten und teurer waren: durchaus.«
»Und diese Menschen, was tun die jetzt?«
»Ganz gewiß sind es langweilige und geisttötende Arbeiten, die der Computer ihnen abgenommen hat, Ja, man sagt doch gern, daß der Computer die Menschen von solchen Tätigkeiten befreit.«
»Aber was tun die jetzt, die befreiten Menschen?«
»Na, die bedienen vielleicht den Computer oder sie programmieren für ihn . . .«
»Das können doch nicht alle. Wo sind die übrigen?«
»Die übrigen? Nun, die haben sicher auch wieder eine gute Arbeit gefunden.«
Auch mit dieser Antwort ist das hartnäckige Fräulein Sachs nicht zufrieden. Doch sie hat noch ein anderes Problem: »Herr Dr. Kranvogel, was meinen Sie, wann wird es genug Computer geben?«
»Ich verstehe nicht – genug Computer?«
»Ja, wann wird es genug von ihnen geben?«
»Na, ich denke, von diesen kleinen, kompakten Modellen, wie wir heute eins vorgestellt haben, wird man eine Menge brauchen können. Jeder, der irgendetwas zu rechnen hat, zu schreiben hat, zu speichern hat, sollte diesen Computer kaufen; jeder, der zum Beispiel eine Steuererklärung macht, ein Haushaltsbuch führt, seine Versicherung berechnet. Ganz zu schweigen von den Leuten, die beruflich mit Zahlen und Daten umgehen müssen, die kalkulieren wollen, die über Fernleitungen große elektronische Informationsbanken nützen wollen. Genug Computer? Vielleicht, wenn sie so häufig sind wie Fernseher. Man glaubt ja gar nicht . . .«
»Ja, man glaubt gar nicht . . .«, nickt Fräulein Sachs, meint es aber anders als Dr. Kranvogel. Und als dieser sich verabschiedet hat, setzt sie noch

ihren letzten Gedanken unter die vielen Notizen dieses Nachmittags: »Hier rückt die verkabelte Computer-Zivilisation in greifbare Nähe. Das Großrechenzentrum hat jeden an der Strippe. Und wer steuert das Großrechenzentrum? Die Regierung? Die Politiker, die sich Macht und Wähler wünschen? Oder Interessenverbände? Oder Computerunternehmen, die Jahr um Jahr Umsatz mit immer neuen, immer besseren Geräten wollen . . .?«

Bessere Geräte? Fräulein Sachs sucht noch einmal nach Dr. Kranvogel. Diese Frage muß sie ihm noch stellen: »Wann, Herr Dr. Kranvogel, sind die Computer gut genug?«

»Oh, unsere Computer entsprechen dem höchsten Qualitätsstandard.«

»So meine ich es nicht. Ich möchte wissen, wann man sagen wird: Jetzt können sie genug, die Computer, mehr ist nicht nötig.«

»Ein reizvoller Gedanke«, meint Dr. Kranvogel, obwohl er lieber »aufreizend« gesagt hätte. »Da sind wir natürlich noch lange nicht am Ende. Vieles läßt sich noch kleiner machen, künftig sicher auch billiger. Das bedeutet für uns, daß wir mehr in einen Computer hineinbauen können, als heute. Speicher mit größerem Fassungsvermögen, in denen sich kompliziertere Programme befinden, die wiederum wegen ihrer Kompliziertheit eine ganze Gruppe von Computern beschäftigen. Weil alles billiger wird, können wir Computer bauen, die in sich wiederum mehrere Computer enthalten. Unvorstellbar komplizierte Systeme! Unvorstellbar leistungsfähig! Eine herausfordernde Aufgabe für uns Techniker – aber auch eine faszinierende!« Die Faszination ist Dr. Kranvogel deutlich anzumerken.

»Sie sagen Herausforderung. Wieso? Wer oder was fordert Sie heraus?«

»Darauf möchte ich zwei Antworten geben, Fräulein Sachs. Mich als Techniker fordert das technische Neuland heraus, das ist doch klar. Herr Direktor Grote würde sagen: Die Konkurrenz zwingt uns dazu, immer und immer wieder zu verbessern, denn auch die Konkurrenz hat ihre tüchtigen Techniker – und will Umsatz machen.«

»Also immer leistungsfähigere Computer und kein Ende abzusehen?«

»Kein Ende abzusehen.«

Achselzuckend steckt Fräulein Sachs Block und Kugelschreiber in ihr Täschchen. »So also wird das Computerzeitalter gemacht«, sagt sie zu sich selbst.

Damit wir keine Zauberlehrlinge werden

»Ich denke, also bin ich«, hat der große Philosoph Descartes gesagt. Sein eigenes Denken war ihm der wichtigste Beweis dafür, daß es ihn, den Herrn Descartes, überhaupt gab. Nun kommt auf einmal der Computer, diese sogenannte »Denkmaschine«, und – der Konstrukteur stellt sich neben ihn in Positur und erklärt: »Mein Computer denkt, also bin ich!« So jedenfalls wandelte eine französische Karikatur den Satz des Philosophen ab. In dem witzigen Bild des Karikaturisten ist nicht nur der Stolz des »Schöpfers« auf sein »Werk« festgehalten, es zeigt auch, daß uns Computer weit »näher« zu stehen scheinen als andere technische Gebilde, etwa die Eisenbahn oder das Fernsehen. Sie würden in solch eine Karikatur überhaupt nicht hineinpassen.
Den einzelnen großen Computererfinder, der sich so neben »seinen« Computer stellen könnte, – etwa Konrad Zuse in den vierziger Jahren vergleichbar – gibt es natürlich schon längst nicht mehr. Ein Computer hat keinen »Schöpfer«. Dutzende, wenn nicht Hunderte von Hirnen müssen zahllose schwierige Einzelprobleme lösen, bis das funktioniert, was wir Computer-Hardware nennen. Also: Die Hardware ist ein Gemeinschaftswerk vieler Köpfe.
Und die Software? Zählt die gar nicht? Und ob sie zählt! Sie zählt auch immer wieder von neuem, selbst wenn die Hardware unverändert bleibt. Denn ständig werden neue Programme für neue Aufgaben benötigt. Kaum übersehbar ist die Zahl der Programmentwickler. Auch hier also ein Gemeinschaftswerk. Folglich müßten wir die Karikatur neu zeichnen. Viele Entwickler müßten dastehen – hundert, zweihundert, fünfhundert – und auf die Zentraleinheit sowie den Speicher mit seinem Programm

zeigen: »Weil wir alle uns soviel den Kopf zerbrachen, verarbeitet jenes Ding jetzt programmgemäß Daten!« Das hört sich natürlich nicht mehr so geistreich an, doch es ist richtiger.
Aber kehren wir noch einmal zu dem ursprünglichen Bild und zu dem »Mein Computer denkt, also bin ich« zurück. Warum bringt man den Computer immer wieder in die Nähe eines Menschen? Warum haben sich Namen wie »Elektronengehirn« so hartnäckig gehalten? Warum geht die Spanne der Stellungnahmen von »Wundermaschine« bis »Teufelswerk«? Während wir Herrn Ypsilon auf seinen Entdeckungsgängen zu seinem Freund Klar begleiteten, merkten wir, daß ein Rechenzentrum keine Zauberküche ist. So geheimnisumwittert und voller fast magischer Vorgänge, wie es mancher gern darstellt, sind weder der Computer noch die Programme. Also in den Papierkorb mit allen Meinungen, die dem Computer eine besondere Rolle für uns Menschen einräumen wollen? In den Papierkorb mit allen Zukunftsbildern? Mit den begeisterten ebenso wie mit den pessimistischen?
Nein, das wäre sehr unklug. Zugegeben: die Vorstellungen vieler, die sich zum Thema »Computer und Zukunft« äußern, gehen weit über die wirklichen Vorteile oder Gefahren hinaus. Dennoch mahnen uns diese phantasievollen Zukunftsdeuter, den Lauf der Dinge aufmerksam zu beobachten.
Herrn Ypsilon beschäftigen diese Probleme kaum. Dem macht es einfach Spaß, solch komplizierte technische Dinge wie Computer kennenzulernen. Das ist für ihn so spannend wie für andere ein Kriminalroman. Er fragt nicht sehr viel nach Zweck und Nutzen der Computer für die Menschen.
Dr. Kranvogel ist so begierig darauf, immer wieder technisches Neuland zu betreten, etwas vorher nie Dagewesenes auszudenken und zum Funktionieren zu bringen, daß er sich nur am Rand mit der Frage beschäftigt, welche Wirkungen seine Erfindungen haben. Er ist außerdem überzeugt, daß die vollkommeneren Geräte auch die nützlicheren sind und daß im übrigen die Menschen, denen der Computer die Arbeit wegnimmt, schon irgendwie neue finden werden.

Direktor Grote macht sich darüber auch nicht übermäßig viel Gedanken. Er beschäftigt Leute wie Dr. Kranvogel und muß natürlich sehen, daß sein Betrieb läuft und immer konkurrenzfähige und gut verkäufliche Ware hat. Wenn er das Geschäft nicht macht, machen es andere. Also strebt er danach, immer »mit der Nase vorn« zu sein, das heißt, immer wieder die moderneren Computer anbieten zu können.

Fräulein Sachs kann sich nicht vorstellen, daß die vom Computer verdrängten Menschen alle neue Arbeit gefunden haben, bei der sie glücklich sind. Sie sieht zwar, daß das heute offenbar noch kein so brennendes Problem ist, doch fragt sie nach der weiteren Entwicklung und ist beunruhigt, als sie erfährt, daß uns die Zukunft noch viel mehr und noch viel leistungsfähigere Computer bescheren wird.

Auch Herr Klar hat seine besondere Ansicht von diesen Dingen, wie aus einer Bemerkung hervorgeht, die er kürzlich zu Ypsilon machte: »Vieles geht mit dem Computer schneller, billiger, auch besser. Aber wir sollten uns ihm nicht ausliefern. Wir sollten vor allem von Großcomputern nicht zuviel erwarten. Wenn Wissenschaftler einen riesigen Computer brauchen, um gewisse Probleme zu untersuchen – meinetwegen. Wenn irgend jemand sich mit einem kleinen Computer seine Arbeit erleichert – selbstverständlich! Wenn dieser Jemand mit dem kleinen Computer sich per Fernsprechleitung an ein Rechenzentrum anschließt und dessen größere Möglichkeiten nützt – nichts dagegen einzuwenden.

Wenn aber Leute die persönlichen Daten von anderen Menschen im Computer sammeln – dann Vorsicht! Und wenn gar Computersysteme entstehen, die diese Personendaten austauschen, so daß ich nicht mehr erkennen kann, wer meine Daten zu welchem Zweck verwendet – dann Protest!«

Wenn ich das alles überdenke, möchte ich neben die »Faulen – aber in Wirklichkeit nur intelligenten – Brüder« den »Zauberlehrling« stellen, der eben nicht intelligent, sondern nur bequem war und aus Bequemlichkeit die Folgen seines Zauberspruchs nicht bedachte. Computer sind zwar keine Magie. Sie sind Werkzeuge. Aber Werkzeuge besonderer Art, deren Anwendungsmöglichkeiten sich noch nicht genau ausloten lassen. Ob sie nützen oder schaden, liegt an den Menschen, die sie anwenden.

Sachregister